Praise for *Thirty-five Days To Baltimore*

"The most compelling element of this book, for me, is the inclusion of the family's story in the epilogue. Borders can be cages, depending on what side of a socially constructed and imaginary line you're on, and having the insight from those on the other side once Alex has completed his harrowing journey makes this testimonial all the more poignant. I wanted to put the book down after Alex successfully crossed all those borders, forget all the painful things I had read once he overcame so many obstacles, but it's impossible to heal from trauma without understanding the losses and gains experienced by loved ones left behind."

~ Michelle Lopez, Berkshire Immigrant Center

"An amazing story of grit, perseverance, hope and the human spirit."

~ Ty Allan Jackson, Author/Speaker/Advocate
Author of "When I Close My Eyes"

"*Thirty-five Days to Baltimore* details a modern-day odyssey, one too many are forced to undergo. 17-year-old Alex sets off from Honduras on a journey to freedom; hoping to find work, escape the local gangs, and to help his family living in poverty. Narrated by the now adult Alex, we hear and feel his sorrow at leaving his family. We fear with him when he has to trust those whose only interest is in how much money they can make from transporting our narrator and others. A journey in boats, in car trunks (bodies stacked one on top of another), in jail, crouched in the luggage compartment of a bus, wandering the desert, and––all the while––not knowing if the journey will be successful. I found myself gasping and turning the pages to find out if Alex made it successfully to his cousin in Baltimore. Why does someone brave all that Alex does? His story humanizes and explains why one might need to take such a journey.

Written in language that is poetic and devastating in its detail, Thirty-Five Days to Baltimore is beautiful, riveting, hopeful, and so very important book."

~ Beth Robbins, Author of "A Grief Sublime"

A moving story!! It is 2021 and this is a relevant chronicle. The brave voice of a man who raised it to speak up and honor all of those who did not survive "las fronteras." Alexis had the courage to touch hearts and inspire hope for many of us. He tells his story, but it is also the story of millions of undocumented.

~ Liliana Atanacio, Founder & Co-president of Latinas413

"By turns shocking and heart-warming, *Thirty-Five Days to Baltimore* is a personal story that puts a human face on all the statistics about the suffering—and the courage—of the children who risk everything to emigrate from Central America to the United States, in search of a better life for themselves and their families."

~ Jennifer Browdy PhD, Editor of "Women Writing Resistance: Essays on Latin America and the Caribbean"

"The reader is drawn into this captivating, heart-wrenching, but ultimately hopeful true story of a young Honduran teenager's dangerous journey to America. An unforgettable account of persistence, bravery and ultimate triumph."

~ Roselle Chartock, Author of "The Jewish World of Elvis Presley"

"While the conversation around immigration remains heavily politicized, *Thirty-five days to Baltimore* strips away all of the noise and gives us a crystal clear understanding of Alexis's motives and the strength it took to set out and make a better life for himself and his family. Equal parts heartwarming and gut-wrenching, this book is a page-turner that will stick with you long after you have put it down and put a very human perspective on a complex topic.

Thirty-five days to Baltimore has the power to change minds and hearts. I loved it."

~ Akil Clark - President of the Spark Foundation

"*Thirty-Five Days to Baltimore* is a detailed and moving account of one 17 year-old's harrowing immigrant experience told in achingly beautiful writing. I loved the book! Could not put it down! This immigrant experience honestly reflects the trauma, bravery and survival against all odds that people go through in pursuit of freedom. It is truly an honest depiction of many immigrants' journeys in pursuit of their right to survive and thrive."

~ Maxine J. Stein, MSW, President and CEO
Jewish Family Service of Western Massachusetts

"*35 Days To Baltimore* is one of the most in-depth, heart-wrenching stories of Hope, Determination, Faith, and Love I've ever read. The vividness of the journey for a better life and the lengths taken to obtain it is Amazing! I was amazed at every turn of events that took place and felt as if I was a part of it! I definitely recommend this book to any person who needs to understand the true power of Hope, and Love! I'm honored to know Alexis and my respect for him continues to grow! I'm truly thankful to know such a great, honorable man. This book is A Must Read!!!!"

~ Spencer Johnson, 9 Year NFL Veteran, Entrepreneur

"A compelling, first-person account of the harrowing journey of a seventeen year boy desperate for a better life. We are taken on a ride into a world of danger as young Alexis crosses borders to get to an America he doesn't know. *Thirty-Five Days to Baltimore* is a chilling and intimate story of bravery, perseverance, hope, and love for family."

~ *Barbara Newman, author, "The Dreamcatcher Codes"*

"Much like the journey of an immigrant, Alex's story starts with loss in the face of possibility. He experiences adventures amidst deprivation and uncertainty. All the while he aims toward triumph on behalf of himself and his family which is the hope and prayers of every immigrant. Alex's story illustrates a typical journey of an immigrant, one that can be heartbreaking, suspenseful, and, in Alex's case, even funny at times. As we travel with Alex, we truly walk in his shoes."

~ *Leigh A. Doherty, Executive Director*
Literacy Network of South Berkshire

"This is a visceral and moving account told in clear, detailed prose. *Thirty-Five Days to Baltimore* is both an artful collaboration and a call for greater empathy. Portillo and Laiz provide a timely reminder of our common humanity."

~ *Lara Tupper, author of* Amphibians

Also by Jana Laiz

Elephants of the Tsunami

Weeping Under This Same Moon

The Twelfth Stone

Thomas & Autumn

"A Free Woman On God's Earth"
The True Story of
Elizabeth Mumbet Freeman

Simon Says; Tails Told By
The Red Lion Inn Ambassador

Blanket of Stars

Billy Budd in the Breadbox: The Story of
Herman Melville and Eleanor

THIRTY-FIVE DAYS TO BALTIMORE

by Alexis Portillo

and Jana Laiz

CROW FLIES PRESS
PO BOX 614 SOUTH EGREMONT, MA 01258   (413)-281-7015
www.crowfliespress.com
publisher@crowfliespress.com

Translated by Miguel Silva & Daniel Giraldo-Wonders

Cover and page design by Anna Myers
Cover photograph by James Hundley Photography

Library of C Library of Congress Control Number: 2021924343
ISBN: 978-0-9983139-31

Bilingual Memoir

Names: Portillo, Alexis, author. | Laiz, Jana, author.
Title: Thirty-five Days to Baltimore / Alexis Portillo and Jana Laiz.
Description: Includes map. | South Egremont, MA: Crow Flies Press, 2022.
Identifiers: LCCN: 2021924343 | ISBN: 978-0-9983139-31 (paperback)
| Subjects: Immigration. | Bilingual Memoir. | Survival. | Faith. | American
Dream. | BISAC BIOGRAPHY & AUTOBIOGRAPHY / Personal Memoirs
| BIOGRAPHY & AUTOBIOGRAPHY / Survival | BIOGRAPHY &
AUTOBIOGRAPHY / Cultural, Ethnic & Regional / Hispanic & Latino

THIRTY-FIVE
DAYS TO
BALTIMORE

35 DÍAS DE CAMINO A BALTIMORE

BY ALEXIS PORTILLO
AND JANA LAIZ

Crow Flies Press ❁ South Egremont, MA

Contents

I dedicate this book to my beautiful wife,
my children, my parents and my siblings.

~AP

I dedicate this book to every immigrant,
asylum seeker and refugee in search

of a safe home.

~JL

The authors would like to give their deepest gratitude to the following: Kate Pichard, our very first translator and the person who brought us together, James Kraft for his friendship and insightful edits, Anna Claire Korenman and Mariana Poutasse who helped raise money for a computer and who supported Alex in so many ways, to Miguel Silva and Daniel Giraldo-Wonders for their accurate translations, astute commentary and support of this endeavor, Aylen Dominguez for her marvelous proofreading skills and love of the project, Jennifer Browdy for her editorial support and friendship, to Nancy Tunnicliffe for her steadfast support and encouragement, to Anna Myers for her incredible graphics and original art and to Sam and Zoë Laiz, for their unyielding support and enthusiasm for their mother's creative endeavors.

Foreword from Jana Laiz

In 2015, Alex approached me, asking me to help him write his story. As an ESL educator, former refugee resettlement counselor, and a writer, I was intrigued by the idea. We sat together over a meal, and he told me his story. It was so compelling and so important, and I was honored that he came to me. I gave Alex an audiobook version of my own story, Weeping Under This Same Moon and asked him to listen to it, to make sure he liked my style of writing. He did. And so began our writing odyssey. For years we sat at my kitchen table, talking, laughing, crying and writing together.

This is his story. It is his memoir. I am merely the conduit through which Alex's story could be shared with the world. Alex asked me to join him in the credits, and what an honor it is for me to be a part of this book, to be able to help Alex share his journey, hopefully changing minds and hearts along the way. ~ Jana Laiz

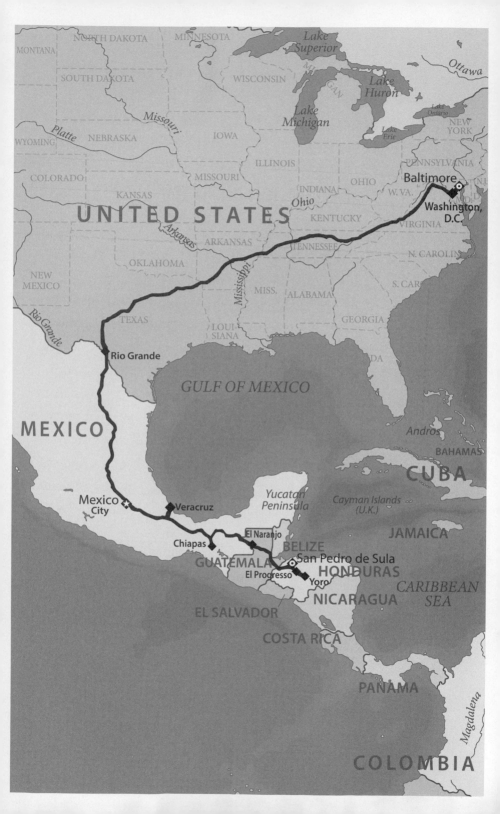

Thirty-five Days To Baltimore

CHAPTER 1

People often ask me why I came to the United States. Why would I leave the only life I knew, my family, my friends, my parents and my home to embark on a dangerous journey to an uncertain future? There are no easy answers, so I answer their question with a question: if you lived in house made of dirt with a roof that leaked, a "toilet" out in the open fields (no privacy, no cover, not to mention the poisonous snakes that lurked in the field) and slept on a mat on a hard dirt floor in one room with nine people and the only future you could count on was trying to scratch a living from growing corn, and you knew that you shouldn't even dream, because what would be the point, ~ would you stay?

Those people look at me with something between shock and understanding. What I don't tell them is how dangerous it was to live in my village. Indiscriminate murders, gang violence, rapes of young girls on their way to school, no clean water (instead, collecting drinking water from polluted rivers,) being hungry, being always fearful~ fearful of walking to school, of going out to play, of a life that felt dangerous and hopeless. These things I keep to myself. Until now.

Now when friends and strangers, people who have done nothing wrong except tried to find a better life, are being taken away, separated from family, disrespected, jailed and discriminated against, I am hoping my story will change hearts, if not minds.

***

It was the salty water on my tongue that woke me, or maybe it was the dream. I wiped the wetness off my face and tried to bring back the images that stirred up so much emotion, enough to make me cry while I slept. In my dream, I was waving goodbye to my family as I made my way down a long road away from them, from all I knew and loved. In the dream, my mother was crying, reaching for me, knowing she might never see me again. Her arms became longer, like a fast-growing vine, as she reached out for me. Her voice was hollow, as if she was calling from a tube. "¡Hijo, no vayas, por favor!!" *Don't leave!*" In my dream, I turned to see them all, long arms reaching in vain. "Mami, I am going to come back." In my dream, I refused to shed a tear. I held them in tightly.

It was still dark. And hot. I threw my scratchy blanket off of me, and tried not to wake my mother, who was next to me, breathing raggedly. I put on my rubber slippers and quietly left the hut. I didn't have to walk far to relieve myself and as

I stood there in the still dark morning, I looked up at the sky and asked God to take care of my family when I left.

My mother stirred as I came back in. At some point during the night, she lay down beside me and cried herself to sleep, her arm wrapped protectively around me. I had fallen asleep to those sobs. I saw my small bag leaning against the cement wall. Today I was leaving.

As I looked down at my mother's tear-streaked face, I wondered what I was doing. Where was I even going? And what would I do when I got to wherever *there* was? Silencio! I told myself, looking around the tiny hut. You're going to Baltimore to stay with your cousin and work to send money home. This is how you are going to save your family.

My mother stretched and opened her eyes. I saw her panic as she realized I was no longer in the bed. Our eyes met and her looked shifted to one of relief. She gestured for me to come back to her. I climbed back onto the mat and she hugged me. Then she pushed me back to look at me. "Hijo," she said huskily, "I know I can't stop you. But please never forget your prayers. Ask Him for help and He will help you. And I will be with you, too."

"I will never forget, Mami. And I will find a good job and send money back so you can have a better life. I want Luis and Denis to go to a better school and I want you to have a real roof and a bathroom inside. I want so many things for you." My voice broke as I said those last words.

She pulled me close again and I allowed myself to cry. I felt like a child as my mother comforted me, but this time she did not try to convince me to stay. She had tried before, "get married instead," she had said, even though this would be no future for a teenager, but to my mother, it would have been better than her oldest boy leaving, perhaps never to return. But she knew my determination. She taught me that, and my stubborn nature came from her as well.

She had spent the week fattening me up. With what meager money she had, she bought a chicken and made stew, plied me with tortillas and rice. She even went to the river and fished for me. She caught some too and fried them up. She made bean soup and sopa de pollo. She served me the first portions, bigger than anyone else's. I ate it all. We both knew that it might be a long time before I ate this well again.

Everyone took turns sleeping with me, joining me in playing soccer, in the cornfields, following me everywhere for that week, the week before I was to leave. They did not want to lose sight of me. They knew I was leaving and they felt in their hearts that I would not be coming back. I knew it too.

I held tightly to her. She gripped me tightly back, knowing she had to let me go. What was here for her son, a 17-year-old in Yoro, Honduras? Poverty. Nothing. Nada. But those hugs, you never forget.

CHAPTER 2

When I was five years old my parents moved from El Zapote, in the state of Lempira to Yoro, Honduras, to a tiny village high in the Zapatuco Mountains, consisting of only three or four cinderblock houses. My mother's parents lived nearby and she wanted to be closer to them. My father was a farmworker, bartering his labor for money or food, preparing others' fields for planting and caring for dairy cows. He left the house by six every morning and worked until three, getting "paid" barely enough for us to live. He came home after three and worked in our field, so he could feed us. He tried to plant beans, but the soil was so barren, nothing grew and he lost the season. Same with the corn. We were hungry most of the time.

My mother would make tortillas. And with her tortillas, she would trick us into believing that we had more than we did. She would first fry a tortilla, then give us another tortilla to go inside the fried one, and call it "chicharon" which excited us and made us believe it was meat. By the time we realized this was a trick, we were old enough to appreciate her reasons and never let on we knew.

Our house was made of mud and wood. My mother dug a hole in the middle of the dirt floor in the kitchen area, where she placed my baby brother, so he would not run out the door. My brother played in his dirt hole safely, while my mother cooked. The roof of the house was covered in manaca leaves, which sometimes let in the rain. My brother's "playpen" would turn to mud. Before my mother put him in his little hole in the ground, she would take a broom and bang around in it, in case a snake was curled there. It happened only once when we were watching, and the sight of that long, slinky treacherous body slithering out of the hut stays with me still.

And in that small space nine of us lived.

Some days, trying to study, I put bits of tissue in my ears to drown out the noise of babies crying, people talking, fires crackling. But I never minded the smell of the open fire, where my mother and grandmother cooked rice, beans and tortillas. I have only good memories of that "safe" place. I have worked hard at putting aside the bad ones, but I cannot forget where I come from.

We slept on hard raised mats and when the rains came and the roof leaked, we moved to dry corners and snuggled together. We prayed together every night, starting with reciting psalm 23: *The* LORD IS MY SHEPHERD; I SHALL NOT WANT. HE MAKETH ME TO LIE DOWN IN GREEN PASTURES: HE LEADETH ME

BESIDE THE STILL WATERS. And psalm 91: *He that dwelleth in the secret place of the most High shall abide under the shadow of the Almighty.* From there we would pray for our neighbors and our loved ones and for the people who had less than we did. Faith was crucial to my family. It helped us to survive from one day to the next.

Chapter 3

I disentangled myself from my mother. Pulling away, I turned my face to a mask and said, "Mami, I have to go. The bus is waiting." I said goodbye to everyone, and my father, trying to be as strong as I pretended to be, hugged me tightly as I walked out the door. Fresh tears escaped as I made my way from our hut. I walked nearly two miles to say farewell to my abuelos, wiping tears the whole time.

My grandmother opened the door and looked into my eyes for a long moment. "I will pray every day for you, Alexis. God is with you. Always remember that."

I kissed her on her wrinkled cheek, looking around her hut. "You just missed your grandfather," she said, sadly.

"Oh, no! How long ago did he leave?"

"He just left, and if you run, you will catch up to him." She took my face in her hands and kissed me again.

"Go!" she pushed me out the door.

I started running down the road and within a few moments, saw the old man walking to his cornfield.

"Abuelo! Abuelo! Stop!" He was partially hard of hearing, so I yelled louder. He turned and saw me running towards him and stopped. He opened his arms to receive me and we hugged for a long time.

"I'm leaving," I told him.

"We will pray for you, hijo. Every night." He put a hand on my shoulder.

"We'll see each other again," I said, my throat tight. The words sounded hollow. I knew it was going to be the last time I would see him. He was not a well man. I looked hard at his face, studying it, the wrinkles and brown skin, the wet but sparkling dark eyes. I kissed his cheek and left him standing on the roadside.

I could feel his old eyes on me, watching me, as I walked away. I did not turn around. My legs felt like lead as I hiked the half mile to the bus station. My heart skipped a beat when I saw my father standing there, wiping the sweat off his face with his gray bandana. He was out of breath.

"I had to see you one more time," he said raggedly. I could not speak, but moved into his embrace. Neither of us spoke as we tearfully rode together to El Progreso. This was as far as he could go, and there he hugged and kissed me. We cried again until his return bus came and he had to get on it. Before he got on the bus, he gave me his gray bandana. I guarded this bit of cloth like a jewel throughout my journey.

I didn't have long to wait before Carlos, my cousin and traveling partner arrived. I was glad I had time to contain myself, not wanting Carlos to see my tears and think I was a cry baby. Carlos himself was near tears and I could tell he had been crying too. He had just said goodbye to his family.

"I'm scared, Alex," Carlos whispered to me as we waited for the 'coyote' to arrive. I was surprised, as he was older than me. I was hoping he would be my protector, but he was as scared as I was.

"Me too. We're going to be OK. I've been praying about it." Carlos nodded his head. He knew that my relationship to God was the most important thing to me. I had been praying about this every night and I was certain we would be guided to safety. Carlos stayed close to me.

***

We didn't have to wait long. The 'coyote' arrived and collected the money from each passenger.

(*A "coyote" is the person who arranges transportation and in each city, he sets you up with individuals who are paid to lead you to your next destination, and so on. These people do this exclusively for the money, so are often unkind and may cheat you.*)

My hands were shaking as I pulled the lempiras out of my pocket, my eyes on the two guns bulging from his side. I noticed his four henchmen standing dangerously near, ready to kill anyone who thought they could cheat the boss. No one would be that stupid. He quietly ushered us onto a public bus heading for San Pedro Sula, Honduras. I noticed that Carlos was shaking as we sat down. He was sweating hard. I patted his shoulder.

There were about eight other 'travelers' on the bus. None of us spoke. We all were thinking our own private thoughts. The bus was otherwise packed with people on their way to work, a few babies were crying, their mothers trying to comfort them. I wanted to offer my seat to a young mother, but I was afraid to move from my spot. The aisles were filling up as people made their way on, everyone grappling for a bit of space. I wondered if anyone suspected that ten of us were about to make a journey to a faraway land. I closed my eyes and tried to imagine a smooth and safe journey all the way to Baltimore, where my cousin lived. He worked in a bakery and I tried to imagine the smell of fresh bread and my hands covered with flour, but all I kept picturing were those guns. I closed my eyes and I must have fallen asleep. I was leaning against Carlos when we arrived in San Pedro Sula. I wiped the spittle from my cheek and stretched my legs after that uncomfortable three-hour ride.

We got off at a small *glorieta*, a tiny house owned by someone selling fried food from the side of the road. We were given a tin plate of red beans, rice and a bit of greasy fried chicken, which we ate gratefully. The ten of us waited for the next guide to tell us what to do. He arrived a short while later and instructed us to get on the bus to the Guatemala border where we would meet a man in a red shirt who we would have to follow. "Don't ask him any questions. Just keep your mouths shut and do what he says."

We filled our bellies, worried that it might be a while before we ate again and then got on the bus for the border. It only took a few hours to get there and we had to skirt around the town to avoid the check point at border patrol. Crossing *that* border was easy.

We met the man with the red shirt when the bus stopped at a small station in Naranjo, Guatemala. He was a rough-looking Guatemalan, with a mean mustache, dressed in leather cowboy boots, and his look made sure we knew who was boss. He didn't speak or smile, just pointed to a small house, where a poor family let us in. The house, if you could call it that, was rough. Dirt floor, cardboard in what was left of the windows, and a very dirty cooker on an even dirtier wooden table. My mother would have run from this filth, but we had no choice and were grateful that they fed us and gave each of us a folding chair where we slept. No blanket, no pillow.

I couldn't sleep. My mind was occupied with thoughts of the future, worries about my parents, fantasies of what a new life, living without fear and hunger, could look like. I watched lizards darting up the cement walls. Even though it was stiflingly hot in the small house, I wished I had a blanket for comfort. I finally fell asleep listening to the snores of my companions.

The next morning, the Guatemalan wife gave us each a bowl of oatmeal and she smiled slightly when I thanked her. The man in the red shirt arrived and we followed him to the Naranjo River where we boarded a small canoe-like boat. They shoved us in and we struggled for space, trying to get away from the edge as most of us had never been on any kind of boat before. The river was calm that day. We traveled for only 20 minutes when we were forced to stop at the guarita, a small hut sometimes manned by the local police. We prayed that it was empty, but this time, unfortunately, the hut was occupied.

"Cincuenta quetzales," the guarda demanded.

All I had was a hundred Quetzales bill, and I knew that the officer would not give me fifty change. Looking back, it would have been easy for Carlos to pay or for me to pay for both of us, but your brain becomes a wall of fear and you can't think properly.

"I have no money," I told him.

He laughed and said, "Get out. No money, no boat ride. Say adios to your friends." I was terrified, so I reached into my pocket and pulled out the bill. He smiled condescendingly and reached for it. I asked him to please give me change because it was all the money I had. He smirked again, pocketed the money and said, "vámanos."

We continued downstream for two hours and as scared as I was, my eyes took in everything, because the truth was, it was beautiful. Green everywhere, colorful birds flying free.

We stopped a distance away from the main village, and everyone got out, a bit wobbly, but we had to be as inconspicuous as possible. We walked through the woods along a trail, through the cow pasture. We were careful not to step on the many cow-pies that dotted the field. We jumped fences until we got to the point where the field was wide open. So as not to be seen, we had to run, one by one, clinging like goats to the side of the field, then run into the woods and hide. We had no food or water so we kept moving. We were surrounded by hills, and had to climb several in order to reach the village where we were expected. We arrived late afternoon, hungry and exhausted and were led into an empty barn. We were waiting to be given food, but none came. We slept in that barn on the dirt floor. We huddled together, no blankets, nothing. It was cold, but as I would come to know, not the coldest I was yet to experience.

Up again at dawn, a small car arrived. The ten of us watched as the 'coyote' opened the trunk and grabbed the first two, pushing them toward the open boot. "Get in!"

"In there?" one of them said, pointing to the dark interior.

"You want to continue? Si, get in, now." Those two were terrified and I, myself, wanted to run. Carlos gripped my arm. I was glad I was not the first.

Every twenty minutes or so, two by two, we were forced into the trunk, where we were taken to another "safe" house. I did not want to climb in. The smell was terrible. I knew terrified people had likely wetted and soiled themselves. I got in first, trying to breathe and not pass out. Carlos got in after me, his head shoved between my legs and mine between his, like a pair of shoes in a box. I wanted to hold my nose but I couldn't. I was scared there was not enough oxygen in there. I began to pray silently, shutting my eyes tightly and imagining I was at home on my hard pallet. Carlos was whimpering and I wished I could comfort him, but I couldn't speak in that dark place. I prayed I would not wet myself.

The car stopped and I heard sounds of feet on gravel, muffled voices. I began to panic when the trunk was not opened immediately. I wanted to bang on the ceiling, but I knew I had to keep quiet. I heard not a sound from Carlos and thought he might be dead. I was gasping for air when I finally heard a key scraping and the creak of metal as the lid came up, allowing fresh air to enter. Like a baby, I started to cry, wondering if all this was worth it. A rough hand reached for me, I took it and was pulled out as roughly. Landing on my feet, I wiped my eyes but not before the driver saw me.

"If you think you're crying now, hijo, just wait!" He laughed maliciously. Carlos looked at me, his eyes wide. I just shook my head. I will survive this, I promised myself.

We arrived at the "safe" house, the driver bringing more and more people. It seemed like a magnet picking up scraps of metal, these new people who kept coming. When we were all together, twenty of us by then, a flatbed truck arrived. It was old and banged up, with wooden slats on either side. "Get in, fat ones first, and get down on your bellies!" yelled the coyote. We looked at each other. No one was particularly fat, but the bigger and taller ones got in first, climbing into the back of a pickup truck, lying flat, filling the bed. "The rest of you, on top of them." Bodies on top of bodies, until the next town. There was no speed limit, and this driver liked to go fast. We flew over the dirt roads and had to grab onto each other so we wouldn't fly out of the truck. The man underneath me yelped, as I dug my nails into his flesh, holding on for my life. This went on for days. Mile by terrifying mile. Each night, we checked ourselves for wounds, barely able to move, sleep was a welcome distraction. By the time this form of transport was over, we were bruised and battered.

Finally, a new Guatemalan guide met us and ushered us onto a public bus that took us to small city on the Guatemala/Mexico border. As I sat on the bus listening to the locals speak their dialect, for a brief moment I was excited, thinking that maybe we were already in Texas, and this was English. But it was only a local Guatemalan Mayan dialect. We were far from Texas.

Chapter 4

After two days of nothing in our bellies, we were given some *pan* and *café*. It was like manna in the desert.

As physically uncomfortable as we were, I was surprised at how uncomplicated this journey was, so far. Naïve is a better word. The complexity of what was to come would astound my simplistic nature.

What I was beginning to see, was that we humans make borders. As I have now crossed many, what are they really? Manmade lines that separate people. Ways to make us different. To keep us out, to keep us in, to keep us safe, to keep us unwelcome, to welcome us, to get pay offs. They are walls, real or imagined. We are the only species who create borders. They are lines in the sand. Yet, they seem real enough when you are crossing them.

We crossed the border into Mexico by foot, single file, on our bellies, like snakes, for over two hundred yards. We crossed at a designated "safe" area – no guards, no guarita, just woods, but the woods have eyes, so we had to stay low and quiet. If the locals saw us, they would report us, kidnap us or kill us.

Our new "coyote" was a Mexican boy, very young, maybe nineteen years old, shabbily dressed, his boots surprisingly big for his small size. He carried a bag of food and water, which he did not share with us.

We followed that kid on foot to Chiapas, Mexico, where he put us on a bus which took us from one safe house to another. The journey lasted a week to reach Veracruz, Mexico, where we were gloriously housed in a clean motel. There was even a pool and a garden, and best of all, showers with hot water. It was the best shower of my life. And the first I had ever had. I felt like a person.

It was at this motel that we were outfitted to look like Mexican *campesinos*. I was given a blue shirt, clean jeans, a Mexican sombrero and work boots. And they fed us! Jamón and huevos, ham and eggs, bread and butter. Coffee. That night, I slept very well.

The next morning, we set off in the back of a pickup truck—four of us—one in each corner, like typical Mexican farm workers. We traveled for two hours until we came to a migration station. I should have sat still, like any farmer and paid no attention to the cameras that were placed in every corner, but I was a naïve seventeen-year-old, and had never seen such things before. I gawked. And that is when the cameras spotted us as illegals. I watched in horror as the two officers came running from the *estación de policia* and chased us in a patrol car until we were stopped and arrested.

CHAPTER 5

From the moment I saw the cops running towards us, I wanted to die because I knew they were going to arrest us. I kept quiet, holding back tears, thinking that my naiveté had been our downfall.

Two Mexican officials stopped the truck, handcuffed us and threw us in the back of a white van. They took us to the station and put us behind bars. Our jail cell was tiny and so tight with people that we could barely sit down. A lot of us were crying. There were people from many countries in South and Central America. There were even Chinese people in that jail cell. All of us, trying to break the cycle of poverty and violence and find a way to a better future.

We kept to ourselves, huddling together, frightened of our uncertain fate. We hardly slept. The only way to sleep was by sitting with our feet and knees gathered towards us; it was impossible to straighten our legs. We had to line up to go to relieve ourselves and there was only one toilet for sixty people. The smell was horrendous. The seat was no better and I forced myself to only urinate. I couldn't think of sitting on that seat.

As for food, they only fed us once a day. We were given fried eggs, ham, white bread and a bottle of water. Having this food show up was like a feast and we savored every bite.

Five days later, when there were enough people to fill the immigration bus, we were deported. We were driven to the Guatemala/Honduras border. The bus driver blasted air conditioning all night. It was so cold and we knew he did this deliberately to make us suffer. There was no need to make the air so freezing cold. It was cool enough outside. We believe that this was his way of scaring us into staying home. Who would want a repeat of this? None of us had even a jacket or a sweater to cover ourselves from the cold, so I hugged my cousin to me.

In contrast, the driver had a jacket, hat, and gloves. During those two days and two nights, we did not eat, since we had no money. We only had enough to buy water. We arrived at the Guatemala/Honduras border where they left us at the Honduras customs office.

I figured we were about seven to eight hours from my village but I had no idea how we could get back home. We had no phone or money, so we asked the locals for help, but nobody would help us. They were very familiar with this scenario and had little sympathy for our predicament.

By some miracle, we found a kindly bus driver who was willing to take us as far as San Pedro Sula without charging us anything. When we arrived there, he actually gave us 50 lempiras and said, "that's the best I can do for you." That was more than we expected and our gratitude was immense. We thanked him profusely, for without that ride and those Lempiras he gave us, we would have had no idea what to do next.

We spent the money on a bus ticket to get us as close to home as possible. Our stomachs were growling as we rumbled along the road back to Yoro. I was disappointed and embarrassed. I felt like a failure. After fifteen days, we were back, and had accomplished nothing.

We arrived home wearing our filthy Mexican campesina outfits. Smelly, sweaty, tired and very skinny. My sister saw us from the window of our little house and said to my mother, "That guy looks like Alexis!"

My mother peered out and saw me, "No, that boy is not Alexis, that boy is poor and skinny. My Alex is bigger and stronger than that boy."

But she was wrong. My cousin and I made our tired way up to the house and upon recognizing me, my mother screamed and threw her arms around me. I hugged her tightly back. Hearing the commotion, my family came in and found me, lean and bedraggled, but safe and alive.

"Hijo! You need to eat, you're so skinny," my mother said, holding my head in her hands. "Did anyone hurt you? Where did you sleep?"

I decided to keep quiet and not worry them, because I knew I was going to do it again, and again if necessary. I looked around our little hut and was determined to make it out of there. My dream, my plan, was to get a good job and send money back to help my parents. I knew they'd never want to leave Honduras, but they would welcome an indoor toilet and a floor that did not become mud in the rain.

This time my mother did not try to convince me to stay. She knew that I had paid the coyote, and I had three chances to get out of the country and to America. (The coyotes took into account these kinds of situations and for the price, we get only three chances and then no more.)

Instead, she spent the next week fattening me up again.

On Monday, March 12, I started my quest again, with the goal of making it all the way to Baltimore, where my cousin lived. Thus, began my longest journey.

It was harder this time to say goodbye to my parents, my siblings, and friends. I was especially scared for my brothers. The gangs were ravaging through even our little village. My brothers were a bit too young to interest the gang members, but it was only a matter of time. I thought of Victor, my distant cousin, who got caught up in gang violence and was killed, along with his young son.

Chapter 6

Our second try brought us back to the places we had first experienced. Now we were in Mexico.

The six of us sat very still, looking very much like Mexican workers, with our dark blue jeans, farm shirts and baseball caps, as the small bus pulled into Mexico City. As we pulled to a stop, I noticed that we were in a strange, isolated area with no other buses nearby. My heart started to beat quickly. There was a taxi cab parked very close to us, nearly blocking the bus stairs, and I wondered if we would be transferred to that vehicle. And we were, but not in the way I had imagined. The bus door opened and we all got up and stretched.

"This is Mexico City. Get out!" the bus driver yelled. "Everybody out!" We thought this was our cue to find a phone booth and call the next coyote to pick us up and continue on our journey. I had the phone number tucked safely into the tiny pocket of my jeans.

As we made our way down the aisle, from the bus window, I saw the taxi door open and the driver get out. He was a mean-looking, burly Mexican man, about forty. He opened the back door of the taxi for some reason, which I did not understand right away. The first of my traveling companions stepped down from the bus, and was immediately grabbed by this guy, taken by the collar and thrown into the waiting cab. My cousin and I became alarmed and the two people behind us saw the action and pushed open the emergency exit at the back of the bus, jumped out and ran. The man in front of us was yanked by the driver and thrown into the taxi. My cousin and I looked at each other. We knew we were in trouble.

I looked behind me, thinking to make my escape like the other two, but Carlos was already moving toward the stairs and there was no way I was going to leave him. The man grabbed my cousin, threw him in the taxi and then made his way to me. I was so skinny that when he grabbed me by the collar, he lifted me up off the ground. I was thrown into the back of the cab, falling on top of the others.

"Where did your friends go?" the burly man demanded. "I know there were six people on the bus, and here we have only four. Where are they?"

He was looking at me for some reason.

"We don't know," was all I could say.

He got into the car and he started driving. "Do you want to live?" he asked from the front seat. We were afraid to answer. We were told not to give out any information to anyone. "Where's your coyote?" he demanded. We remained silent, terrified. We knew how this might go. Threats of extortion, threats to family members, even death threats, or simply death itself.

"My original question, do you want to live?"

Carlos began to whimper and I touched his arm. We had to keep quiet. I was praying silently, praying that he would not search me, because the coyote's phone number was burning in my pocket, like a fire, which he could see at any moment.

He continued his questioning and intimidation. I imagined how my mother would take the news of my beheading or drowning or no news at all. Would I die quietly? Would I scream? Would they torture me first? I prayed it would be quick. Or maybe they would enslave me. That might be worse.

He drove to a quiet area where the police were waiting. My heart burst thinking we would be saved. He stopped the car and told us to get out. All together, we were interviewed by the police, not to help us, but to extort us.

"Which one of you is the coyote?" I fidgeted in my pocket, trying to be inconspicuous, and surreptitiously took out the tiny slip of paper and stuck it in my mouth. The cop saw me.

"What do you have in your mouth?"

"Nothing."

"I saw you. What are you trying to hide?"

I couldn't swallow it as he watched me. "Spit it out."

I spit it onto the ground. He picked it up, unfolded it, read it and immediately went to make a call. That Mexican coyote probably thought the call was from us, not the police. I'm sure he was not happy.

Then they blindfolded us and drove us to a building,

where they led us into a cell with two sets of dirty bunk beds. This is where we would wait until the coyote either paid them or didn't. I prayed that he would. If he decided not to, the police would then force us to tell them how to get to our families, where they would threaten them with extortion. If they refused to pay, we would be tortured or killed. I knew my family would pay anything for my safety. And I also knew they had no money and would have to borrow from the prestamista, the money lender, and the interest would be very high. These thoughts tortured me.

We stayed in that place for two days. No food, no water. We drank what we hoped us potable water out of the spigot near the toilet. After two days, the coyote paid the police 20,000 pesos each, and we were told we would soon be free. This was the equivalent of $1000 and we knew we would have to pay it back.

My plan was to get to America and work to repay the coyote. I did not want my father to borrow any money from anyone. When you work from 7am to 5pm and earn less than $5 a day, raising $1000 was no easy task. I could not give my father that burden.

Later I learned that the Honduran coyote contacted my father and although he gave him a decent amount of time to pay it back, they would kill him if it wasn't paid. I prayed I would make it to America quickly, so I could start sending money home.

"Get up!" the policeman said. We got off our bunks and stood in front of him. We hoped he would not hurt us. He blindfolded us, took us to the train station, where we were met by another coyote, who took us to a safe house. There, we spent three good days, welcomed by a very kind family, who gave us food, a bed, and treated us like people. Most importantly, they gave us five minutes to communicate with our relatives.

Of course, I could not call my parents, as they had no phone. I called my cousin in Baltimore. I hoped my voice would not shake.

"Edwin, it's me."

"Alex! Where are you? Are you OK?"

"I'm safe. I'm in Mexico. I'm on my way to you. Please somehow, let my family know I'm OK."

"Of course. We are waiting for you. Be careful. *Cuidate.*"

The respite we experienced with the family was the first time that we felt like part of a family. These people got paid, but it seemed that they used the money to actually help the travelers. The woman was a very good cook, obviously caring about what she was cooking. I remember chicken stew, beef soup, fish soup, homemade tortillas, pico de gallo, café con leche. We didn't want to leave. After three days of being a part of this family, she gave us hugs, her phone number, and told us to travel safe and to call when we arrived at our final destination. Like a mom.

***

Rested and refreshed, at dawn, my cousin and I, along with eight others, followed the next coyote to the bus to the next city. We were forced under the bus, into the luggage compartment. It was hot and dark and crowded under there, and we were one on top of the other. We had no idea where we were going or how long we would be here. At each stop, we hoped to get out to relieve ourselves or drink water, but more people were shoved in until we could barely breathe. We fell on top of each other during this agonizing trip. We could not stretch, nor see the light of day.

After twenty hours in that hiding place, my companions began to weep, to urinate, and to defecate in their trousers. It was like being in a nightmare. I had to pee so badly, and I tried, but I couldn't. I just couldn't let go. After hours and hours, the doors opened, letting in cool air. We breathed in gasps, even the polluted air was sweeter than the shit smelling air inside this compartment. They let us out and we fell down on the ground, most of us so dizzy it took some time to stand. They brought us to the toilets so we could relieve ourselves and clean out our shit-filled pants. It was disgusting. I could see the shame on my companions' faces. I had done neither, and when I stood by the urinal, holding on to the wall, trying to relax my bladder, I found I could not pee. I was in pain and this frightened me. What if I could never pee again? I stood wobbly for a long time, trying to force urine out, and I would have fallen if Carlos had not held me up. I finally, tearfully, gave up, so Carlos dragged me to the woods so I could try again. I stood by a tree and breathed deeply, forcing my body to relax. I concentrated very hard on my task, praying to God to let go my bladder, which was full to bursting. After a few minutes the floodgates opened and I peed for what seemed like forever, watering, flooding the tree. It felt like gallons, the relief immense, and when

I was finally done, I thought the pain would subside, but it did not. For the next two days, I was in agony. Every time I tried to urinate, I was terrified I would have the problem. On the third day, the pain finally dissipated and I could pee with ease again.

Chapter 7

At this point, the group was split up. Carlos and I were taken to the house of a very strange couple. The man spent his time drinking large bottles of Caguamas beer. Each bottle was 32 ounces and he drank these like water. We stayed there two days and two nights. The house was in bad shape. The walls were concrete and covered with grease. The floors were dirt, bottles of beer strewn all around, half smoked cigarette butts, dirty clothing... My mother would have had a fit. Even though we had a dirt floor, it was always swept and tidy. I couldn't imagine where we would sleep. There were two rooms, one where the man slept, the other, the wife's "cell." He kept her locked up, telling us that he was afraid for his life, his "wife" trying many times to stab him to death. The woman sat silently in the corner, head down, tangled, matted hair covering her face. We later found out that she was Honduran, and we would have loved to talk with her, but I never heard a sound from her in the two days we were there.

The husband, his ugly face with red-rimmed eyes frightened me. He led us to a barn and took us to the back and showed us the corner of his property, where he admitted burying a young girl several years before. Then he began to tell us ghost stories about the barn. "You won't sleep well here tonight," he promised us. "A ghost rider will come mounted on horseback and you will hear noises, and feel spirits touching you, laughing at you, weeping and wailing. The horse will come running, bridle and bells jangling." He said this will all seriousness, then he burst out laughing. "¡Dulce sueños, amigos!" Sweet dreams.

Carlos was wide-eyed and for some reason, which I believe was God's protection, neither Carlos nor I asked one question of this strange man. We kept quiet, though we were certainly curious, not to mention terrified. Before he left us for the night, he took us back to the house, to the room where his wife, most probably his kidnap victim, was now sleeping. When we went to her room, she was talking in her sleep and in a perfect Honduran accent. She spoke coherently and what she said scared me. She was actually having a regular conversation with someone unseen by us. "Ay Dios, I have to escape from this *basura*. The only way out is to murder him, otherwise I'm trapped." Pause. "Sí, I know this!" And she began to wail. The man looked at us, nodding. "You see, she's crazy," he said.

We left the room and he pulled a skeleton key from his pocket and locked her in. He told us that she was possessed by a demon because every night she had these conversations with someone and that she had tried to kill him with a kitchen knife many times.

He took us back to the barn where there was one hammock for us to sleep. He gave us a blanket and told us we would probably not sleep because of the ghosts. I like to think we were protected because we slept like babies, and never heard a thing.

Chapter 8

After two nights and an entire day with these weird people, my cousin and I were picked up by our next guide and transferred to an eighteen-wheeler, where we spent all night with a driver who used drugs to stay awake. He had us roll marijuana cigarettes mixed with cocaine, and he smoked it inside the trailer, windows closed. We were hidden in the cab and had to breathe all that smoke. I was scared we were going to get high or hallucinate. I had never been exposed to drugs.

My fears were confirmed. All that night we did not sleep a wink, and we were wired for the next two days. By the time the effects of that smoke left us, we were exhausted. We arrived at the Mexico/USA border bleary eyed.

We were brought to a house near the Rio Grande, where there were many people from Central America. We slept all together in an open room. The odors were rank, as none of us had showered for days. Eventually, we were taken one by one to the outdoor shower. We were given a rough towel and five minutes to shower in the dark.

I savored every one of those minutes, feeling the cool water against my skin, looking up at the stars and feeling human for a moment.

Different times during our stay, we were taken to a specific shallow spot along the Rio Grande where we removed our clothing and got in line to cross. Two by two, we held hands so the river could not sweep us away. One hand holding our partner, the other hand raised with our clothing. Each time we tried, there was immigration officer on the other side, so we had to return. This went on for days.

Finally, a day came when we made it to the other side. We were feeling triumphant, and began to put on our clothes. Suddenly someone shouted "La Migra!" and we ran back to the river. We did not have time to take off our clothes again, so we crossed the river with everything on. We returned to the house, soaking wet. We had no other clothes to change into, so we shivered and let our body heat and time dry the clothes on our backs. It was very uncomfortable.

We spent thirteen days in that house, like prisoners. Unable to leave or breathe fresh air. Food was scarce and for those thirteen days, we ate nothing but fried onions with tortillas, three times a day.

On the fourteenth day, we were taken back to the Rio Bravo to cross again. We made it to the other side and we heard someone shout, "Migra!" Everyone started running for Mexico, but Carlos, a young girl with her uncle and I, decided not to return to Mexico and we hid in the bushes so that immigration would not find us. We crouched for what seemed like hours, barely breathing, terrified. When all was quiet, we emerged from our hiding place and started to walk.

We saw a house and approached. A man was working in his yard. We knew this was risky, he could easily report us, but we desperately needed food, water and a place to sleep. The man was tall, with red hair and a reddish mustache and beard. We were surprised when he spoke Spanish, asking us where we were going and if we had any money. We told him we had one hundred Mexican pesos each and could we spend the night and get some food.

"OK, I'm going to give you food, water and a place where you can stay tonight. Just tonight. You must leave early in the morning."

We were so relieved and happy that we were going to eat and feel safe, at least for the night. We handed him all our pesos.

"Wait in here," he opened the door to a boarded up garage and quickly ushered us in. "My sister will cook and I'll bring you the food when it's ready." He locked us in the garage.

Our stomachs were growling and we wondered what we would be served. We hoped no more onions and tortillas, but even that would have been better than what was to come.

About twenty minutes later he returned and told us that he was not going to give us food or water, instead he said, "I'm going to keep you here. My brother-in-law is out of state but when he comes back, you are going to work for us."

Then he took a camera out of his pocket and took photos of the four of us. "We're building a house and you're going to do the work. Don't think you're going to get paid and if you ever escape from here, we will find you anywhere you go, and when we find you, we're going to kill you. And if you ever report us to the police or tell anyone what we did, we'll find your family and kill them too." He closed the door again.

We banged on the door screaming, "¡Déjanos salir de aquí! Let us out of here!"

We heard him laugh. I sank down to the floor and started praying. I could feel myself shaking. I was crying. Why were we so trusting! I looked over at the girl, and she was sobbing too. "Ay Dios!" I cried.

Carlos pulled me up to standing. He put his hands on my shoulders. "Pull yourself together. We'll get of here. We've been through so much already, we are not going to become slaves in Texas, I promise you that." I stopped sniffling. Carlos had never seemed so brave to me before. And I wanted to believe him.

I fell into a restless sleep sitting up against the wall. It was cold, I was terribly thirsty and so hungry that my stomach was in agony. I woke up to the sound of banging and saw Carlos and the old man punching the boarded-up wooden window, trying to break it open making as little sound as possible. They had to be quiet. We knew the man was telling the truth and if his brother-in-law came the next day, we would be enslaved.

My eyes were wide as I watched the two try to rescue us from this nightmare. I was crying again and the girl too; we were so young. The thought we might be stuck here forever was too much. But thank God, the wood came loose and with one strong push, the old man dislodged it and it fell to the ground, leaving a large window-sized hole. We could see the stars. The window was high, so Carlos gave me a knee up and pushed me through. I fell down to the ground, and a moment later, the girl came after. Carlos whispered, "Corre! Run!" We started running into the woods, as if we were running for our lives, because we were.

Carlos and the old man followed a few minutes behind us. They were scratched and bruised, but alive. We ran all night, through the dark, praying to not disturb a mountain lion or den of rattle snakes. We saw many coyotes that night, but they kept their distance. Their howls still stay with me.

When we finally stopped to rest, we wanted to scream. How could anyone be that cruel? All of our money, kidnapping us, and not even a glass of water! We slept roughly for a few hours, taking turns to stay awake and keep watch as the morning light appeared on the horizon.

When the sun was still low in the sky, we walked down a lonely road and when the sun became hot, we came upon a ranch. There were people working and the old man of our group boldly walked up to one of them.

"Señor, may we have some water ¿por favor?"

The man looked around quickly and ushered us into a shed. "Immigration is here all the time. You need to get out of here fast. You can't stay." But he kindly gave us water and pointing in that direction, told us to go north where we would come upon the freeway.

We left again; no food, and no idea where we were going. We went in the general direction he pointed and tried to stay as hidden as possible in the desert. We made it to a dirt road that we followed for many miles and many hours. The road was so flat and empty that it was like seeing the sky on the ground. I had never seen such an expanse and had I not been so afraid, hungry and thirsty, I might have found it beautiful.

Along that road we mercifully found cattle water windmills and we drank that dirty water. I had an idea that possibly saved us. We took off our shirts and soaked them in troughs so we could suck the water from them as we walked.

The roads we walked on were not even roads. They were more like dirt tracks where farmers drive tractors or lately, immigration jeeps hunt for refugees. My shoes were filled with tiny rocks, but I dared not take them off. My feet had become so swollen and painful, I knew if I removed my shoes, I would never be able to put them back on.

The sun moved from east to west as we walked and walked. It was getting to be twilight when we saw a car coming towards us. We ducked into the nearby brush as it approached, and seeing it was not a police car, we blocked the road and flagged the driver down. Latino snake hunters!

In Spanish, the driver asked us where we were going. We told him that we were headed for Baltimore. "We'll take you to the ranch and give you food, if you have the courage to climb on top of these boxes." I peered into a box and recoiled. It was filled with fat, slithering snakes, all rattling.

What a choice. We climbed into the cab of the truck, and onto the boxes of snakes, praying the cage doors stayed locked. I did not dare look down. I tried to distract myself during the trip. I looked up at the sky, over to the trees, anywhere but down at my seat.

The moment we arrived I jumped off the truck. I was shaking and sweating. I am intensely afraid of snakes. Just thinking about them makes my skin crawl. I thought about the snake curled up in my brother's playpen and shivered once more.

We arrived at the ranch and were given glasses of cold milk and sweet bread. It was the most welcome glass of milk I had ever had. The cook, a kindly Mexican man, took pity on us and proposed that we stay there for a few days. He saw how tired, dirty and skinny we were. He would hide us in the kitchen, where we could sleep in relative safety and warmth, at least for a day or two. A few years before, he, like us, had been on his way to New York when he came upon this ranch. He was offered a job as a cook and he took it. He understood us.

He went out and moments later came back with a chicken, which he plucked and threw into a pot that he filled with vegetables. "You need sopa. You need liquids and meat to strengthen you. The next part of your journey is not going to be easy." That soup was the best soup I ever ate. And I ate lots of it. We sopped it up with tortillas and rice. We felt like family, as he poured us Coca Cola and plied us with anything he had in the kitchen.

That night we slept on the kitchen floor. The cook gave us each a blanket and a pillow and somehow, it felt almost cozy. We slept deeply until about 3am when the cook woke us up and brought us groggily to the woods. He told us that the ranchers all started work at 4:00 in the morning, so we had to be gone. He would bring us food later and he did.

It was damp and cold at that hour, the fog low, the mosquitos fierce. And of course, we were terrified of the snakes. This was prime snake season.

We stayed hidden in the woods all day until evening. By days' end, my arms were covered with mosquito bites, large itchy welts. But at least I never saw a snake. The cook brought us back to feed us, then to his room to sleep. He told us the boss suspected something was going on. We could sleep that night until 3am, but then we would have to leave. Before we left, the cook offered one of us a job. There was only one field hand position open, and Carlos and I would not leave each other. I wished we could have stayed a few more days.

"¡Adiós, que Dios los guíe! ¡Buena suerte! Goodbye, God will guide you. Good luck!" the cook said as he brought us back to the woods. The sun would be up in a few hours, but it was too cold to go back to sleep, so we decided to start walking. We walked in what we thought was with the direction he told us. Two days later, we ran into the snake hunter, who asked us why we were returning to Mexico. Back on top of the boxes of snakes, he brought us back to the fork in the road, a divergence of three paths, *los tres caminos* and set us off in the direction of Baltimore. East. Had we been paying attention to the signs of nature, we might have thought about which direction the sun rose, but we were far too distracted.

We walked for three days in the desert. Blazing hot during the day, freezing at night. We slept on the sand, in open fields, no place to hide. No food and no water. We heard the eerie sounds of the wild coyotes.

One night, asleep on the sand, my cousin, the girl, and I slept, but her uncle did not sleep; he was keeping watch. He spoke quietly, rousing each of us. "Look there," he whispered. He pointed to what I can only imagine was a lion. We sat frozen watching the beast watching us. My heart pounded as if I had been running. After what seemed like hours, it got up and walked slowly toward the bushes. It turned its head once more in our direction and was gone. We got up quickly and ever so quietly left.

Chapter 9

Carlos and I awoke, huddled together, arms wrapped around each other, as the sun rose. "Listen!" I said to Carlos. He tilted his head. We both heard the distant sound of a car speeding by. One, then a few minutes later, another. The old man stirred. He heard it too. We knew we were near some kind of road or highway. The girl rubbed her eyes, then got up, leaving us to go into the woods to relieve herself in private.

We decided to change direction slightly, and follow the sound. The four of us were walking slowly by now, our feet so painful it was hard to go on. I kept thinking that a good sleep would strengthen me, but each day I awoke to pain, hunger and exhaustion. I felt like an old man. I imagine the old man felt ancient.

The sounds got louder as we approached a road and in the distance, we spotted a house. At this point, I didn't care if we got caught. It had been three days since we had eaten or drunk anything. The sun was getting high as we approached the house. We didn't have to knock. An older gentleman was chopping wood and saw us. He stopped, put down his ax and walked toward us.

"Where are you all going?" he said in Spanish, which surprised me. He did not look Latino.

"Baltimore and New York," I said.

He laughed. "You have a long way to go. You know you're still in Texas?"

"We have no idea where we are, but we think we're headed East."

"You're right about that, but by the looks of you, you'll never make it. Come on inside, I'll get you something to eat."

All I really wanted was water. My throat was so dry that I could not even close my mouth. There was no saliva for me to swallow. I took the proffered glass of water and took a sip. The water slipped out of my mouth. I could not swallow. That's when I got really scared. I tried again, this time swishing the water around in my mouth, but it wouldn't go down.

Each one of us struggled to get the water down. The girl started to cry.

"Take it easy," the man said. "Slowly, slowly, little sips." While we continued trying to drink, he began preparing ham and cheese sandwiches, which I wanted terribly. The old man took a sandwich and nearly choked. He could barely chew; his mouth was so swollen. We were so hungry. This must be what dying felt like.

The man was kind and calmed us out of our panic. His voice was soothing, his Spanish perfect. "Take your time, no rush. Take tiny sips of the water and little bites. See if that helps." We stayed there for several hours, struggling to get the water down. Sip by sip, I drank and my throat felt looser and I was able to swallow without too much pain. It took over two hours to eat that small sandwich.

"I wish I could put you up for the night, but it is very dangerous here, authorities pass by all the time. You have to stay hidden along the roadside, but make sure you don't stray too far from the road and get lost. The desert can be dangerous."

He gave each of us a black plastic trash bag to use for shelter. We wish we had asked for another sandwich or a bottle of water, but we were not right in our heads. We were simply grateful for his kindness. We thanked him and I thanked God for bringing us to him.

"Go with God," he said.

Chapter 10

We came upon an old abandoned pickup. The cab was covered in leaves and we were terrified that there were snakes curled up in there disguising themselves as vines. The bed of the truck was equally filthy, but we could see it was clear of snakes. We pushed the debris aside and climbed in. The sun was going down and Carlos and I took one trash bag and got into it together for warmth, like a sleeping bag. In the desert, the temperature falls as soon as the sun does. And that night, it fell quickly and far. It was freezing.

We slept fitfully, waking up every hour or so, shivering, clutching each other for warmth. I felt wetness, and thought maybe Carlos had peed, but the wetness was all around us. By the time it was too uncomfortable to sleep another minute, we disentangled ourselves and pushed the garbage bag off us. It was soaking wet and so were we. The dew, the cold, our body heat, combined with the plastic turned our "sleeping bag" into a pool. We were soaked from head to toe. The old man and his niece were as drenched as we were.

We all got up and shivering, jumped out of the truck and started walking. It was the only way to keep warm. I had heard about hypothermia and was terrified we were all going to die right there. I assessed myself. Was I disoriented? Was my speech slurred? I tried to speak, but my teeth were chattering so badly, I couldn't. I felt slightly nauseous and tried to calm my mind. I rubbed my hands together, stomped my feet and told myself to move.

The sun came up, and within a few moments, it was hot. Our clothes steamed off our bodies, and we dried as we walked. I was relieved because I knew we had past the critical time and hypothermia would not be the end of me that day.

After a few hours, my feet were so painful that I could not take another step. I asked my cousin if he could carry me but his feet were hurting as much as mine were.

I stopped and sat down next to a cactus. "I can't go on. You all go on without me."

"But you made it this far! You didn't eat or drink for three days, but we found an angel who saved us! How can you dishonor him?" Carlos was yelling at me. It was the first time Carlos raised his voice to me and it snapped me out of my despair.

I wished I could cry, but instead, I gave Carlos my hand, and he pulled me back up and with his arm around me, we started to walk again.

We walked all morning, step by painful step. The sun was high when by some miracle, we noticed a metal pipe sticking out of a mound in the ground. From the pipe, water was dripping, creating a tiny pozo, a small well from which birds were drinking. As we approached, we saw a wild pig bathing in the water. He saw us and ran.

The watering hole was filthy from the pig's activity, and was still swirling when we got there. We waited for the water to calm, and then we cleared out the leaves and any branches that were floating. We let the water drip from the pipe, hopefully adding clean liquid to the pool and then we scooped it up with our shirts, using the fabric as filters and though it had a very bad odour and taste, we drank deeply. We hoped it would be potable, but at this point, we were beyond caring. We would have died without this salvation.

Shirts soaking around our necks like cloth canteens, we walked on for a few more hours, but my resolve disappeared with the pain of my feet, my hunger, my thirst, my exhaustion and my despair. I gave up. I stopped walking. After a few moments, the others turned to see what had happened to me.

"I'm finished," I said loudly so they could hear me. "I cannot take another step. I give up."

The three came back to me and I just shook my head. There was no trying to convince me.

"I'm going to the road and flagging somebody down, and I don't care who picks me up." I began walking towards the road. Carlos hobbled up to me and the old man and his niece followed. I think we all realized that we were on the road to death.

Chapter 11

Within ten minutes we saw a white van with flashing lights coming toward us. We knew it was Immigration, but we didn't care, in fact, we were glad. Two officers who spoke good Spanish asked us where we were going.

"¿A dónde vas?"

"Baltimore," I said. I looked at the man and hope rose in me. He looked exactly like one of my friends from my village. This renewed my strength, and even though I knew it was not José, I believed it was God's way of sending me a message of hope and perseverance.

"¿Algotras personas vienen con tigo? Any others coming behind you?" We shook our heads; we were the only ones we knew of.

They opened the back of the van and seeing our exhaustion, they gently lifted each one us into the back, where we collapsed. They gave us water and took us to the station. By the time we got there, we felt a little stronger and were able to get out of the van on our own.

We were brought to a small cell. Terrible thoughts of prison and what this might mean to me, came to my mind. I had heard frightening reports on the news about what could happen to people like me and I thought, this is it. I'm going to jail. I'll never see my family again. I began to shake uncontrollably. I couldn't breathe.

The officer who looked like José must have known I was having a panic attack and put an arm on me.

"No te preocupes. Tranquilo. Calm down." He looked me in the eyes and we breathed together.

After I had calmed down, they told us to take our shoelaces and belts off and they searched us for weapons. Of course, they found nothing. They gave us each a ham sandwich and another bottle of water.

Our minds were swirling with thoughts of deportation, prison. We had no idea what was to become of us.

After we ate, we were brought to a room where we would be interviewed. Carlos and I first, then the old man and his niece. The room was small and there was a table with three chairs. Carlos and I sat across from a tall, blonde immigration officer, but we could see three more officials sitting behind a glass wall.

"How old are you?" the officer asked, looking directly at me. His Spanish was surprisingly fluent.

"Seventeen," I answered.

"A minor," he said, almost to himself. "Where are you heading?"

"Baltimore."

"Who's in Baltimore?"

"My cousin."

"Does he know you're coming?"

"Yes, Sir."

He asked Carlos a few questions and then he asked for my cousin Edwin's phone number in Baltimore. I had memorized it weeks before. I could see an officer behind the glass getting up. He made a call. In a few minutes, I saw him give our interrogator a thumb's up.

"We made a decision. Because you are a minor, and you have some place to go where you will be taken care of, Baltimore with your family, we are going to release you and your cousin here." He turned to Carlos, "You make sure you stay with him every step of the way." Carlos nodded. "You'll be free in a couple of hours. Sign here." Carlos and I signed the paper that gave us back our lives.

After a few hours, we were given back our shoelaces, and belts, and put back in the van. We looked for the old man and his niece, but they were nowhere in sight. I realized, sadly, that we would probably never see them again. I hoped they would make their way to safety.

The van stopped at a gas station and the officer let us out. I never understood why they could not simply bring us to the church that would shelter us, but for some reason the immigration officers would not bring travellers directly to the church. If they did so, perhaps it would set a precedent that they did not want to create.

"Caminen dos cuadras más y la iglesia va estar a su mano

derecha. Walk two blocks down and there's a church on your right. You'll find shelter there."

"Muchas gracias, Señor. Gracias," I told him, and meant it.

He smiled, tipped his hat, got into the van and drove away. Carlos and I looked at each other in disbelief. We were free.

We walked the two blocks and saw an immense building with spires and bells and a huge cross on the steeple. We pulled on the big wooden door and it opened easily. We were greeted immediately by a woman with a net on her head and a spoon in her hand. She smiled at us, and ushered in to a large dining area that was occupied with a number of Latino people.

"Siéntense. Ustedes deben tener hambre. Sit, you must be hungry," she said, warmly.

She hurried into the kitchen and came back with two large glasses of cold milk. We savoured every sip. A few minutes later she came back with two plates piled high with scrambled eggs, black beans, tomatoes, rice, and hot tortillas.

"Después de comer, hablaremos. After you eat, we will talk."

We ate until our stomachs bulged. We felt safe and cared for. We hoped we could stay the night.

After we were full, the woman came back, this time her black hair pulled into a pony tail and instead of a spoon, she had a pen and notebook.

"¿Cómo te podemos ayudar? How can we be of service to you?"

We told her we were trying to get to Baltimore to see our cousin, that we had been walking for many days and that we did not feel we could walk anymore.

"I'm afraid my cousin here, will die," Carlos said, looking at me.

"We don't want anyone to die," she said. "We will help you get to your cousin in Baltimore. But first, you need a shower and a good night's sleep. Follow me."

She led us to a small room with two small beds. Above each bed was a cross and I knelt down beside the bed and thanked God. She pointed to towels on the bed, and a new toothbrush with a small tube of toothpaste for each of us. Then she brought us to the bath and shower room.

Carlos took his shower while I stood in front of the sink, looking at myself in the mirror as I slowly brushed my teeth for the first time in many days. My skin was red and I had the beginning of a beard. I thought I looked much older than seventeen. I could see my cheekbones sticking out of my face and I wondered if I would always look so frail. I savoured the sweet mint on my tongue and brushed weeks of grime off my teeth. When it was my turn in the shower, I stood under that hot water and thanked God again and again. I scrubbed myself clean, and when we got back to our room, there were clean clothes waiting for us on our beds. There were clean sock and new shoes, just our size.

I cried.

We slept for many hours, safe in this sanctuary church. The next day, my cousin wired money to the priest so that we could finally buy our bus tickets to our destination, Baltimore.

Chapter 12

We spent two restful, peaceful days in that church. For some reason, I did not go into the sanctuary to kneel before the altar or to the huge Jesus on the cross. Perhaps I had internalized that God had been with me the entire time and I did not need to kneel. My God and I had a private relationship.

Two blocks from the church was the bus depot and the priest kindly accompanied us to buy our tickets with the money my cousin wired.

"Here are your tickets. The bus will be arriving within the hour."

"Muchas gracias." We shook hands and the priest left us.

We had an extra $50 for meals for our journey and Carlos and I spilt it up and kept it tightly in our pockets. With nothing but our new clean clothes, our papers and the money in our pockets, we waited for the bus. As we stood there, one immigration van after another showed up, each time asking for our documents. And each time, we nervously handed our papers to them.

"People in town are calling in to report you," one officer told us. We were surprised. We were just very patiently sitting on a bench waiting for our bus. We had no idea we were being watched and reported. It unnerved us. We wished the priest had brought us when the bus was nearly there. The 6th time immigration showed up, it was the same two officers who had picked us up in the desert.

"It's Alex and Carlos!" they laughed. "You cannot believe how many calls we are receiving about immigrants at this bus station."

"We're sorry we're causing so much trouble to you."

"It's our job, but do us a favour, turn around and face the other direction 'til the bus comes, OK?"

We boarded the bus to Baltimore but we knew we had to transfer and we had no idea how we were going to manage the transfer without speaking a word of English. I was so worried about the transfer and thousands of questions were going through my head, but I kept telling myself that God would send me help in the form of an angel. When we got off at the first bus transfer, we started to ask if anyone spoke Spanish; a man in a corner answered "¿Qué necesitas?" "What do you need?" I said we were going to Baltimore but I did not know which bus to take. This kind stranger took our tickets and went to inquire at the ticket counter about how we would do the transfer. He then returned to us and actually took us to the next bus we would be boarding. We thanked him for his help. God saved me once again by putting this kind stranger in our path. I will never stop thanking God for all he has done for me and all he continues to do for me, even today.

The man then asked out loud if anyone was going near Baltimore and a guy replied. They spoke in English and we had no idea what they were saying. Our friend explained in Spanish that this young man was going to Washington, DC, which was the stop before ours. He told us he would guide us through the many transfers that we would be taking. He said not to become separated from him for any reason.

We took the bus and sat close to the young man, and at every rest stop or transfer, we stuck by him. Our eyes were always glued on him because we were terrified of losing sight of him. When he got off the bus to smoke, we followed him. He smiled at us and never seemed to mind. At the bus stops, he even bought us fried chicken and coke. We thanked him over and over again.

By the time we arrived in Washington DC, we had learned a few words of English that our "angel" had taught us.

"Thank you, muchas gracias." We wished he could stay with us as we continued our journey, but it was the next stop and my cousin would be waiting.

Carlos and I gripped hands as we pulled into the Baltimore bus station. Our eyes were wide seeing so many people, so many buses, and I was afraid of such a big city. But this is what I had dreamed about for so long, and maybe, I was afraid of what that meant as well. Could I really make it? Would I ever learn to speak this language? All I wanted to do was hear my mother's voice.

"¡Alex, mira!" Carlos said, pointing out the window. "There he is."

My cousin was smiling and waving at us. Carlos and I began to cry, hugging each other as the bus door opened. We were skinny and exhausted, but we were alive. We had made it to Baltimore. Thirty-five days from the time we left.

Epilogue

We made it to Baltimore. and there I lived with my cousin from 2004–2010. I had many jobs during my time there. I worked in a garden center for 6 months, then I got a job in a pizzeria, I even took a construction job where I was up 30 stories on a wooden scaffold (I stayed for one day). It would be many years before I saw my parents and it's taken more years to even begin to talk about my journey with them, and more, to learn what happened to them when I left. Here is that conversation.

MAMI

Alex: Mami, tell me about what happened to you when I told you I was leaving.

Oh, Hijo! The day you told me you were going to make the journey to the United States, my life made a 1000 degree turn. I knew why you thought you needed to do this and I felt ashamed that the life we had given you was not what we had hoped. I started to imagine what would happen to us without our beloved son in our home, and even though it was just an idea, I took it seriously because I knew one day you would embark on the trip. Alexis, you are a determined individual.

I take after you, Mami.

Your papi and I had a talk about the fact that our boy wanted to leave us, and I did not want to imagine that day when it would become a reality.

I did not want to leave, Mami, I had to.

I knew that, and I knew you, and I was certain that sure enough, sooner or later, the day would come. But the day you actually made your decision, it felt like someone dropped a bucket of ice water on the whole family.

I remember.

We started to cry unconsolably because the date for the trip was set. I said to your Papi that the day I dreaded was finally here. Our son is leaving us.

You were leaving in just over a month and I started counting the days, hours, minutes, even seconds. It got to the point where I did not want to eat, could not eat, or sleep. The only thing I thought about was the day of your departure. And of course the time arrived sooner than I was prepared for.

The day before you left, I slept in your bed and cuddled you in my arms.

I will never forget that night.

I hugged you and I kissed you and I told you how much I

loved you. It seemed my heart was breaking into a thousand pieces and I pleaded with you not to leave.

I remember. You told me to get married instead!

Loco, I know, but I was crazy that day! I thought I would rather you get married at the age of seventeen, than have you leave us. I knew it wasn't right, but I wanted to keep you by my side instead of letting you go on a trip, knowing what could happen on the way.

You told me not to worry. You said, "Mami, I'm leaving so I can help us get us out of this poverty. I am going work hard to send money so you can buy clothing, food and so my siblings can study. I will only be gone for a short time and I will return to you." What a good son. I was so proud of you, though my heart was broken.

Morning arrived and I watched you wake. I had watched you sleep all night, a night I had wished would never end. I prayed for your safety and protection throughout that night. (And every night thereafter.) We looked at each other for a long time. I tried not to cry. So did you. Papi was awake too, his eyes looked old.

You went to bathe at the river and I started the fire to make your breakfast. I made tortillas by hand. The cooking smell woke everyone up, and they looked wild eyed when they did not see you. I told them you were at the river, only then did they breathe. Everyone surrounded you when you came in.

That was a hard morning.

The hardest. When the moment to say goodbye came, I

felt like my life was over. I wanted to go with you, to take care of you. But that was impossible. Your sister was weeping, your brothers too, though they tried to keep brave faces.

That hug and a kiss you gave me before you walked out the door has stayed branded in mind and my heart. I could not see through my tears as you walked away. It felt like the world was spinning out of control. I couldn't breathe. I started running after you, or flying, because I did not feel like I was on earth. I saw you up ahead, your small bag in hand and I wished I was in a nightmare and I would wake up soon. But it was all too real. One last hug and I had to let you go.

I'm sorry I caused you so much sorrow, Mami.

That day, the world felt strange. I could vividly see and feel everything that was happening around me. The thought of you somewhere in the world, unknown to me, possibly in danger, hungry, scared...oh how I wished that I could be a bird so I could fly by your side and keep watch over you.

The days and nights passed but they were full of anguish. Where could my son be sleeping? Has he eaten? Is he drinking water? What was happening with him? Is he safe? And the thought that festered; was he still alive?

Every day I walk to the village and go out into the street to see if you were on your way back. I imagined it, became obsessed by that thought. I know I was often distracted. Your sister and brothers could feel it. Papi too, but it was hard to breathe or even think clearly without you. My imagination ran wild.

Mami, I thought about you every day I was gone. I also imagined you worrying about me, and I felt so bad.

But not bad enough to come back.

No, I could not come back. I had to go.

I know, Hijo, I know. As time went by and still no news, I became more anxious. No news was not good news. Of course, in those days we didn't have cellphones, and we had to travel to the city just to be able to communicate with our relatives that lived in the United States. Papi went to the city to call our cousin in Baltimore. Of course he knew you were planning to come there, but he had heard nothing. We were even more worried than ever. It had been weeks.

I began to punish myself for letting you leave. For allowing you to live in poverty. For forcing you to leave.

You did not force me, Mami.

No, perhaps not, but our situation did. So, I began sleeping on the cold floor because maybe that was where you were sleeping. My mind was a tumble of questions. Is he on the cold ground, is he sleeping in the bushes? Is he in danger? I know how terrified of snakes he is. Has he been bitten? Is it raining? Is he wet, without clothes to change into? So many questions in my mind. I could not sleep. That was my penance.

Oh, Mami, I didn't know. I'm sorry.

One afternoon I told Papi to go to the city. He had only gone the week before, but I felt something in my bones, and needed to see if there was any news. I needed to have some peace of mind. I did not know what to do that afternoon. I just cleaned and cleaned our tiny hut, and looked out to the road every few moments to see if Papi was coming back. Finally in the late afternoon, I saw him. He had a different walk, a lightness in his step. When I could make out his face, I saw a smile there and I ran toward him, flew. I fell into his arms, desperate for news. He looked at me, there were tears welling in his eyes, but they were happy ones. His words allowed me to breathe for the first time in many weeks. "God is good. Our Alex is fine. He is safe and on his way to our relatives. He will arrive there in about three days. God has taken care of our boy!"

I cried from happiness. I saw a bird just then, flying high and I wished I could fly along with him and find you and hug you and tell you how much I love you.

Those next few days were hard to take. We prayed and prayed for your safe arrival in Baltimore. After three days Papi returned to the city to communicate with our relatives in Baltimore to see if you had arrived, and to his surprise it was you who answered the phone!

I remember. That was the best phone call of my life, Mami!

When Papi came home, he was ecstatic! He screamed, jumped and clapped, he was so happy. We all jumped for joy. And then we cried for a long time, our relief was so great.

He asked me so many questions about my trip, but I was so tired, I don't think I answered many of them.

No, you didn't, and Papi said he was just glad to hear your sweet voice and know you were safe and well. That night I slept on my bed. And for the first time in weeks, I

slept all night. The next day we all went to the city to
the call, to hear your voice, the voice that I had yearn
hear for so long. We started dialing but the signal wasn't v
good, and we could not connect the call. I started worryir
and became desperate. Finally, after a long time, I heard the
phone ringing. I was shaking with. And then my prayers were
answered. You answered! I heard your voice. "Mami, I am
good, do not worry, don't cry." But you were crying too.

Yes, I was.

I was crying because I was so happy to hear your voice
and to know you were safe. I felt this unexplainable feeling,
like I was floating. My life felt like it had purpose again. I
could not stop crying and you kept saying "don't cry Mami, I
am alive, I did it with God's help. I am safe with my cousins."

I asked you how the trip was, and you told me a little of
how you suffered, but I know you did not tell me everything.

**How could I tell you? You already felt so bad. And I
wanted that behind me.**

I sensed you were still suffering, but you reassured me
the nightmare was over and with God's help, you were doing
well. You said that God had protected you the whole dangerous way, through obstacles and life and death situations.
Gracias Dios.

Your sister and brothers were so happy to hear our conversation and they had to talk to you too. Even though that
call cost a lot, I didn't care. We all needed to hear your voice.
As we went back home, we snuggled on the bus, much more
relaxed than we had been in a very long time. I thanked God

king care of you throughout the trip and getting you to
destination safely.

PAPI

Papi:

One day while we were working together planting corn in the fields, you told me that you wanted to go the United States. I was surprised, but you said, "Papi, you are getting older, I want to help you so that you don't have to work so hard in the hot sun."

Alex: I remember.

You didn't want me to work so hard anymore, and you were anxious to help. I was proud of you for your kindness and respect for me, but I did not take the conversation seriously. I thought you were too young and I never truly believed you would actually go. But as time went on you became more and more determined.

You said, "I am going to the United States. I will get a job and send money to help you." At that moment I felt sad because I knew you would go. I also felt ashamed that I was not able to get us out of our situation. I didn't let you see my sadness, so I kept my feelings bottled up. But you knew me well and were not fooled.

I know. I told you not to be sad, that I would only be gone for a short time and I would return so we could be together. That was a long time ago. I'm sorry, Papi.

Oh, Hijo, I am the one who is sorry. And yes, you tried to lift my spirits but it was impossible not to feel unhappy. And scared for your safety. The day arrived that you would leave us and very early in the morning we got ready to leave. I will never forget bringing you to the city where I left you with that Coyote. What kind of man was he? Would he swindle you? Hurt you?

We walked to the next town where you said goodbye to your grandparents.

That was hard.

On the way I started crying in silence because I didn't want you to see me cry, but my tears rolled down my cheeks, impossible to hide. As you took a look at me you also started crying. You told me how much you loved me, and you tried to reassure me that you were only going for a short time. You said goodbye to your abuelas and we got on a bus to the city.

I felt like I was floating and I wished the bus would turn around and not advance toward the city. I wished the clock would stop ticking so I could spend more time with you.

Oh, Papi, I felt the same. I'm sorry for causing you pain!

I cried on the bus and people were looking at me, but I wasn't embarrassed because my son was about to head off on a dangerous journey. It was like you were going an adventure with no guarantees. And all because I could not give our family what we needed.

It's not your fault, Papi. Don't blame yourself.

I constantly listened to the news on the radio and it was always negative, terrible. I would hear about kidnappings, deaths from thieves, people drowning in the Rio Bravo, and as we rode along, all those thoughts were running through my mind.

Mine too. I tried to be brave.

I know you did. And you are brave. I am not sure I could have done what you did. As terrified as I was for your safety, I was also very proud of the man you were becoming.

Thank you, Papi.

We found our way to the Coyote's place where we would say our goodbyes. I was scared when I saw him. He was not a very friendly man. He told us you would be leaving soon for the Guatemalan border and to hurry and say goodbye.

Oh, Papi, that was the hardest goodbye I ever said.

You started walking toward the bus. I remember gripping my gray bandana in my hand. I wiped my tears with it. I couldn't bear to let you go without another hug. I ran to you once more. I saw you bravely trying to hold in your tears, but one fell down your cheek. I wiped it with my bandana. Your tears came then. I gave my bandana to you to wipe the tears streaming down your cheeks. I imagined you wiping your tears with it whenever they came. And thinking of me.

I could barely get the words out. I said, "My hijo, my brave son, take care of yourself, we love you." Then you got on the bus and left.

That bandana became like a talisman to me, I have it still.

I stayed until the bus pulled away and turned the corner. It was the toughest moment of my life. My heart was broken into a thousand pieces and I didn't want to return to the house because I knew there would be huge void without my boy.

The tears running down your cheeks are ingrained in my mind and my heart. When I returned home, I tried to console Mami, but it was impossible to stay calm. Every time we thought or reminisced about you, we ended up crying. We wished we could be birds and fly to where you were. Crazy thoughts like that went through our minds, as well as other impossible things. Go out looking for you. Find you and bring you back. Hug you and tell you how much we love you. We were not sleeping or eating well because we only thought about how you were doing.

It was more than a month when I finally received news that you had made it safely to Baltimore. That was the hardest month of my life.

Mine too.

I'm sure. When I heard you voice and talked to you for the first time, I felt like I was born again. I was finally able to find peace in my heart. I cried from happiness hearing you say, "Papi, I love you, the nightmare is over. I am good. Don't cry! Be happy."

I wanted to hug you and I imagined having you in my arms and telling you how much I loved you. I closed my eyes and I imagined for a moment that you were right in front of me and you were running toward my arms, like you always did. Thank God we had a happy ending.

We did have a happy ending. And now life is better for you!

And that is all because of you and your courage. You make me proud.

Thank you, Papi. And you have three beautiful grandchildren that you have met!

We are a lucky family.

A Note From Alexis Portillo

I have been living in the United States for nearly half of my life. I love it here. It is my home. I am married with three lovely children. I work hard and am an upstanding member of my community. My kids go to school and have friends. My wife stays home with our newborn and I work several jobs. We rent an apartment in a house and we have a garden with peach trees and tomatoes, blueberries and strawberries. I learned English and I am proud to say I am now fluent. I make mistakes sometimes, but I am learning every day.

I was able to work and send money home to my family in Honduras. They now have running water, a cement floor, indoor plumbing, and a roof that does not leak or let in snakes. My siblings have all gone to school. My parents are well.

I am undocumented. Still. I have tried and tried to get my papers, and have spent thousands of dollars on lawyers. I am not giving up. My deepest sadness is that I could not be on the volunteer fire department in my small town. Although I am well-loved and respected and I volunteer in other ways, like cooking at the fundraising barbeques and Christmas parties, until my papers are approved, I must wait, even though the fire department is desperate for fire fighters. When I see the trucks going out, my heart breaks a little, because I should be there helping, which is all I really ever want to do.

I pray that there is a change of heart, from this administration or the next, and I can be a full-fledged member of my beloved community. I want my son and daughters to be proud of me. When my son sees my sadness, he says, "Papi, don't be sad, one day, you will be a fireman. Me too." ~ Alex

A Note From Jana Laiz

When Alex asked me to help him write this book, Barack Obama was president. I was honored that he asked me to be the one to help him tell his story. He knew that not only was I writer, but a life-long advocate for immigrants and refugees; working first as a teenage volunteer with the International Rescue Committee (IRC) then as a refugee resettlement caseworker at IRC until 1986 when President Reagan slashed our budgets and I lost my job, and ultimately becoming an ESL teacher, working with immigrants in that capacity ever since.

Alex and I believed Hilary Clinton would be our next president and that perhaps there would be a new and comprehensive immigration policy and Alex and others like him would benefit. I was hopeful that all my wonderful students and friends would be recognized as the dedicated, hardworking, community-minded citizens they were, and they would no longer need to look over their shoulders, always anxious, always on red alert. And then the unthinkable happened. I lost my equilibrium and could not make sense of what was happening in our nation in such a short time. Working on this project with Alex has given me a sense of purpose in times when it seems all reason and compassion has gone awry. Alex and I made a conscious decision to keep our names on this book, and not hide under a pseudonym. We are proud of this story, and I am honored to be able to help tell the story of one man, whose story is the story of countless immigrants, simply questing for safety, succor, opportunity and kindness. I extend my hand in friendship to all those asylum seekers, refugees, migrants and immigrants. Kindness matters, words matter. I hope this story will remind readers of that. ~ Jana

35 días de camino a Baltimore

Por Alex Portillo y Jana Laiz

Elogios para *35 días de camino a Baltimore*

"El elemento más convincente de este libro, para mí, es la inclusión de la historia de la familia en el epílogo. Las fronteras pueden ser jaulas, dependiendo de qué lado de una línea imaginaria y construida socialmente se encuentre, y tener la visión de los del otro lado una vez que Alex haya completado su angustioso viaje hace que este testimonio sea aún más conmovedor. Quería dejar el libro después de que Alex cruzó con éxito todas esas fronteras, olvidar todas las cosas dolorosas que había leído una vez que superó tantos obstáculos, pero es imposible curarse del trauma sin comprender las pérdidas y ganancias experimentadas por los seres queridos que quedaron atrás."

~ Michelle Lopez, Centro de Inmigrantes de Berkshire

"Una historia asombrosa de determinación, perseverancia, esperanza y espíritu humano."

~ Ty Allan Jackson Autor / Orador / Defensor
Autor de "When I Close My Eyes"

"*35 Días a Baltimore* detalla una odisea moderna, una odisea que muchos se ven obligados a pasar. Alex, de 17 años, parte de Honduras en un viaje hacia la libertad; con la esperanza de encontrar trabajo, escapar de las pandillas locales y ayudar a su familia que vive en la pobreza. Narrado por el ahora adulto Alex, escuchamos y sentimos su dolor por dejar a su familia. Tememos con él cuando tiene que confiar en aquellos cuyo único interés es en cuánto dinero pueden ganar transportando a nuestro narrador y otros. Un viaje en botes, en baúles de automóviles (cuerpos apilados uno encima de otro), en la cárcel, agachado en el maletero de un autobús, vagando por el desierto y, todo el tiempo, sin saber si el viaje iba a ser exitoso. Me encontré jadeando y pasando las páginas para averiguar si Alex llegó con éxito a su primo en Baltimore. ¿Por qué alguien se atreve a hacer lo que hace Alex? Su historia humaniza y explica por qué uno podría necesitar hacer ese viaje.

Escrito en un lenguaje poético y devastador en sus detalles, *35 Días a Baltimore* es un libro hermoso, fascinante, esperanzador y muy importante."

~ *Beth Robbins, Autor de* "A Grief Sublime"

"¡Una historia conmovedora!! Estamos en 2021 y esta es una crónica relevante. Es la voz valiente de un hombre, que la levantó para hablar y honrar a todos los que no sobrevivieron las fronteras. Alexis tuvo el valor de tocar corazones e inspirar esperanza a muchos de nosotros. Él cuenta su historia, pero también es la historia de millones de indocumentados en este país."

~ *Liliana Atanacio, Fundadora y Copresidenta de Latinas413*

"A la vez impactante y conmovedora, *35 Días a Baltimore* es una historia personal que pone un rostro humano a todas las estadísticas sobre el sufrimiento y el coraje de los niños que arriesgan todo para emigrar de Centroamérica a los Estados Unidos. Estados, en busca de una vida mejor para ellos y sus familias."

~ *Jennifer Browdy PhD, editora de* "Women Writing Resistance: Ensayos sobre América Latina y el Caribe"

"*35 días a Baltimore* es un relato detallado y conmovedor de la angustiosa experiencia de un inmigrante de 17 años contada con una escritura dolorosamente hermosa. ¡Me encantó el libro! ¡No pude dejarlo! Esta experiencia de inmigrante refleja honestamente el trauma, la valentía y la supervivencia. contra todo pronóstico que las personas atraviesan en busca de la libertad. Es realmente una descripción honesta de los viajes de muchos inmigrantes en busca de su derecho a sobrevivir y prosperar."

~ Maxine J. Stein, MSW Presidente y director ejecutivo
Servicio de Familia Judía del Oeste de Massachusetts

"Si bien la conversación sobre inmigración sigue estando muy politizada, *35 Días a Baltimore* elimina todo el ruido y nos da una comprensión clara de los motivos de Alexis y la fuerza que se necesitó para emprender y hacer una vida mejor para él y su familia. A partes iguales, reconfortante y desgarrador, este libro te hará querer seguir cambiando de página y su historia se quedará con usted mucho después de que lo haya dejado también da una perspectiva muy humana sobre un tema complejo.

Treinta y cinco días a Baltimore tiene el poder de cambiar mentes y corazones. Me encantó."

~ Akil Clark - Presidente de la Fundación Spark

"El lector se ve atraído por esta historia real cautivadora, desgarradora, pero en última instancia esperanzadora, del peligroso viaje de un joven adolescente hondureño a Estados Unidos. Un relato inolvidable de perseverancia, valentía y triunfo definitivo."

~ Roselle Chartock, autora de "El mundo judío de Elvis Presley"

"*35 Días a Baltimore* es una de las historias de esperanza, determinación, fe y amor más profundas y conmovedoras que jamás he leído. ¡El viaje vívido en busca de una vida mejor y los largos necesarios para obtenerla es asombroso! ¡Me sorprendió cada giro de los eventos sentí como si yo fuera parte de ellos! ¡Definitivamente recomiendo este libro a cualquier persona que necesite comprender el verdadero poder de la Esperanza y el Amor! ¡Me honra conocer a Alexis y mi respeto por él sigue creciendo! Estoy realmente agradecido de conocer a un hombre tan grande y honorable. ¡Es un libro que deberían leer todos!"

~ *Spencer Johnson, Veterano de la NFL por 9 años, Emprendedor*

"Un relato convincente en primera persona del desgarrador viaje de un chico de diecisiete años desesperado por una vida mejor. Nos llevan a un mundo de peligro cuando el joven Alexis cruza fronteras para llegar a un Estados Unidos que no conoce. *Treinta y cinco días a Baltimore* es una historia escalofriante e íntima de valentía, perseverancia, esperanza y amor por la familia."

~ *Barbara Newman, autora, "Los códigos del cazador de sueños"*

"Al igual que el viaje de un inmigrante, la historia de Alex comienza con una pérdida frente a la posibilidad. Experimenta aventuras en medio de privaciones e incertidumbres. Mientras tanto, aspira al triunfo en nombre de sí mismo y de su familia, que es la esperanza y las oraciones de todo inmigrante. La historia de Alex ilustra un viaje típico de un inmigrante, uno que puede ser desgarrador, lleno de suspenso y, en el caso de Alex, incluso divertido a veces. Mientras viajamos con Alex, realmente caminamos en su lugar."

~ *Leigh A. Doherty, directora ejecutiva*

Red de alfabetización de South Berkshire

"Este es un relato visceral y conmovedor contado en prosa clara y detallada. 35 Days to Baltimore es a la vez una colaboración ingeniosa y un llamado a una mayor empatía. Portillo y Laiz brindan un recordatorio oportuno de nuestra humanidad compartida."

~ *Lara Tupper, autora de* Anfibios

Otros Libros de Jana Laiz

Elephants of the Tsunami

Weeping Under This Same Moon

The Twelfth Stone

Thomas & Autumn

"A Free Woman On God's Earth"
The True Story of
Elizabeth Mumbet Freeman

Simon Says; Tails Told By
The Red Lion Inn Ambassador

Blanket of Stars

Billy Budd in the Breadbox: The Story of
Herman Melville and Eleanor

35 DIAS DE CAMINO A BALTIMORE

Thirty-Five Days to Baltimore

POR ALEXIS PORTILLO
Y JANA LAIZ

ÍNDICE

Le dedico este libro a mi hermosa esposa,
mis hijos, mis padres y mis hermanos.

~AP

Dedico este libro a todo inmigrante,
solicitante de asilo y refugiado en busca
de un hogar seguro.

~JL

Los autores desean agradecer profundamente a las siguientes personas: Kate Pichard, nuestra primera traductora y la persona que nos reunió, James Kraft por su amistad y sus interesantes ediciones, Anna Claire Korenman y Mariana Poutasse, quienes ayudaron a recaudar dinero para una computadora. y quien apoyó a Alex de tantas maneras, a Miguel Silva, Daniel Giraldo-Wonders y Edwin Escobar por sus traducciones precisas, astuto comentario y apoyo a este esfuerzo, Aylen Dominguez por sus maravillosas habilidades de corrección y amor por este proyecto, Jennifer Browdy por su apoyo editorial y amistad, a Nancy Tunnicliffe por su firme apoyo y Aliento, a Anna Myers por sus increíbles gráficos y arte original ya Sam y Zoë Laiz, por su inquebrantable apoyo y entusiasmo por los esfuerzos creativos de su madre.

Prólogo de Jana Laiz

En 2015, Alex se acercó y me pidió que lo ayudara a escribir su historia. Como educadora de inglés como segundo idioma, ex consejera de reasentamiento de refugiados y escritora, la idea me intrigó. Nos sentamos juntos a comer y me contó su historia. Fue tan convincente e importante, y me sentí honrada de que viniera verme. Le di a Alex una versión en audiolibro de mi propia historia, *Weeping Under This Same Moon*, y le pedí que la escuchara para asegurarme de que le gustaba mi estilo de escritura. Lo hizo. Y así comenzó nuestra odisea de la escritura. Durante años nos sentamos en la mesa de mi cocina, hablando, riendo, llorando e escribiendo juntos.

Esta es su historia. Son sus memorias. Soy simplemente el canal a través del cual la historia de Alex podría compartirse con el mundo. Alex me pidió que me uniera a él en los créditos, y qué honor es para mí ser parte de este libro, poder ayudar a Alex a compartir su viaje, y con suerte, cambiar mentes y corazones en el camino. ~ Jana Laiz

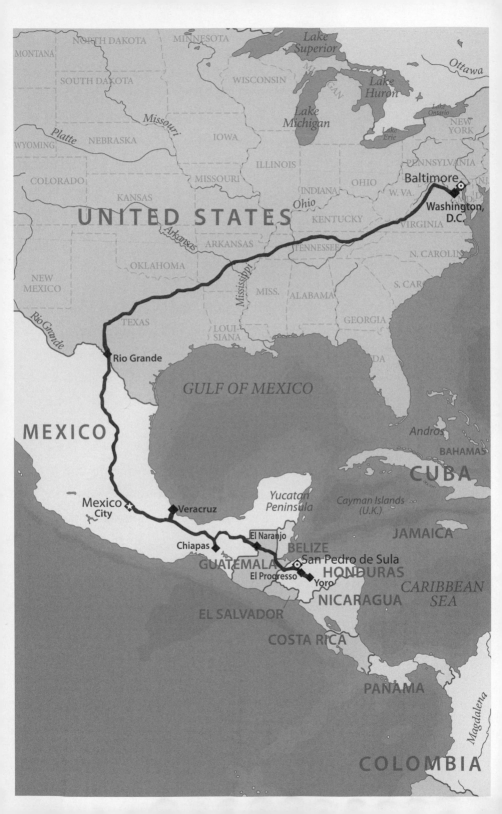

35 días de camino a Baltimore

Capítulo 1

Con frecuencia me preguntan por qué vine a los Estados Unidos. ¿Por qué dejaría la única vida que tenía, mi familia, mis amigos, mis padres y mi hogar para embarcarme en un viaje peligroso hacia un futuro incierto? No hay respuestas fáciles, y por eso les respondo con una pregunta: ¿si usted viviera en una casa hecha de barro con un techo que gotea, un inodoro a campo abierto (sin privacidad, sin poderse cubrir, y sin mencionar las culebras venenosas que rondean por el suelo); si usted durmiera en una estera en el piso de barro de un cuarto con nueve personas y el único futuro posible fuera sobrevivir a duras penas sembrando maíz; y si usted supiera que de nada sirve soñar, ¿se quedaría?

Esas personas me miran con una expresión entre la sorpresa y la compresión. Yo no les digo lo peligroso que es vivir en mi pueblo. Matanzas sin sentido, violencia entre pandillas, chicas jóvenes violadas en el camino a la escuela, carencia de agua potable (se debe sacar agua de ríos contaminados,) hambre, miedo constante –miedo de caminar a la escuela, de ir a jugar afuera, de una vida peligrosa y sin ninguna esperanza. Estas cosas las he mantenido bien adentro, solo para mí; pero no más.

Ahora cuando a mis amigos y desconocidos, personas que no han hecho nada malo, excepto tratar de encontrar una vida mejor, se las están llevando, separándolas de sus familias, siendo irrespetadas, encarceladas y discriminadas, tengo la esperanza de que mis palabras cambien corazones y mentes.

Fue el agua salada en mi boca que me despertó, o quizás fue mi sueño. Me sequé la cara y traté de recordar las imágenes que me causaron tanta emoción, suficiente que me hicieron llorar mientras soñaba. En mi sueño estaba despidiéndome de mi familia mientras caminaba por un camino largo frente a ellos, lejos de todo lo que conocía y amaba. En mi sueño, mi madre lloraba y trataba de alcanzarme sabiendo que quizás no me volvería ver. Sus brazos crecieron, como una enredadera que se extendía. Su voz se oía hundida como si hablara por un tubo. "¡Hijo, por favor, no te vayas!" Me di vuelta para verlos a todos con los brazos extendidos en vano. "Mami, voy a volver." Me negué a derramar lágrimas. Las mantuve dentro de mí con fuerza.

Todavía estaba oscuro y hacía calor. Me quité la cobija áspera, y traté de no despertar a mi madre, quien estaba al lado mío, respirando extrañamente. Me puse las chanclas y salí de la casa. No tuve que caminar lejos para aliviar mi vejiga y mientras me pare ahí en la madrugada oscura y silenciosa, miré hacia el cielo y le pedí a Dios que cuidara de mi familia cuando partiera.

Mi madre estaba agitada cuando volví al cuarto. En algún momento durante la noche, ella se acostó a mi lado y lloró hasta quedarse dormida, con su brazo alrededor mío protegiéndome. Yo me quedé dormido ante sus sollozos. Vi mi pequeña bolsa inclinada contra la pared de cemento. Hoy me iba.

Mientras miraba la cara de mi madre y sus lágrimas corrían, pensé, ¿qué es lo que estoy haciendo? ¿Hacia dónde voy? ¿Y qué voy a hacer cuando llegue a mi destino? ¡Silencio! me dije, mirando alrededor del pequeño rancho. Te vas a Baltimore a quedarte con tu primo, a trabajar y a mandar dinero a casa. Así es como vas a salvar a tu familia.

Mi madre se estiró y abrió sus ojos. La vi asustada cuando se dio cuenta que yo no estaba en la cama. Cuando nuestras miradas se encontraron su mirada me dio alivio. Me hizo señas para que volviera con ella. Me monté en la estera otra vez y ella me abrazó. Entonces me empujó para que la mirara. "Hijo", dijo preocupada. "Yo sé que no te puedo detener, pero nunca olvides tus oraciones. Pídele que te ayude y Él te ayudara. Yo también estaré contigo."

"Mami, yo nunca me olvidaré y encontraré un buen trabajo y mandaré dinero para que puedan vivir mejor. Quiero que Luis y Denis vayan a una mejor escuela, que tengas un techo de verdad y un baño dentro de la casa. Quiero tantas cosas para ti." Mi voz se quebró mientras decía esas últimas palabras.

Me jaló otra vez hacia ella y me permití llorar. Me sentí como un niño, así como cuando mi madre me consolaba, pero esta vez ella no trató de convencerme de que me quedara. Ella había tratado antes; "¡cásate más bien!", me dijo, aunque éste no sería un futuro para un adolescente, pero para mi madre, esto hubiera sido mejor a que su hijo mayor partiera. Quizás para nunca volver. Pero ella conocía mi determinación. Ella me lo había enseñado y su naturaleza terca también.

Ella pasó la semana atendiéndome. Con el poco dinero que tenía, compró un pollo y me hizo un sudado con tortillas y arroz. Hasta fue al río y pescó algunos pescados y los frito para mí. Ella hizo sopa de habichuelas y pollo. Me sirvió las primeras porciones, más grandes que las del resto. Me comí todo. Los dos sabíamos que podría pasar mucho tiempo antes de que pudiera comer así de bien otra vez.

Todos se turnaron para dormir conmigo, jugando fútbol en los campos de maíz, siguiéndome a todas partes a donde yo fuera la semana antes de irme. No me querían perder de vista. Ellos sabían que yo me iba y sentían en sus corazones que no iba a volver, yo también lo sabía.

Tomé a mi madre y la abrace fuertemente. Ella también me apretó sabiendo que tenía que dejarme ir. ¿Qué había ahí para su hijo, un chico de diecisiete años en Yoro, Honduras? Pobreza. Nada. Nada, salvo esos abrazos que nunca se me olvidan.

Capítulo 2

Cuando tenía cinco años, mis padres se mudaron de El Zapote en el estado de Lempira a Yoro, Honduras, a un pueblo en las montañas de Zapatuco, donde solo había tres o cuatro casas de ladrillo. Los padres de mi madre vivían cerca de allí y ella quería estar junto a ellos. Mi padre, un obrero campesino que cambiaba su labor por dinero o comida; preparaba los campos de otros para la siembra y cuidaba el ganado. Él se iba de la casa antes de las seis cada mañana y trabajaba hasta las tres de la tarde. Le "pagaban" a penas lo suficiente para sobrevivir. Cuando llegaba al rancho a las tres, empezaba a trabajar en nuestra tierra para poder darnos de comer. Él trató de sembrar habichuelas, pero la tierra era muy árida, nada crecía y se perdían las cosechas. Lo mismo ocurrió con el maíz. Pasábamos hambre la mayoría del tiempo.

Mi madre hacía tortillas, y con las tortillas nos hacía creer que contábamos con más de lo que en realidad teníamos. Ella freía una tortilla y la usaba como el relleno de otra tortilla para hacernos creer que era chicharrón. Eso nos emocionaba, nos hacía pensar que era carne. Cuando nos dimos cuenta del truco, ya éramos lo suficientemente mayores para apreciar y aceptar sus razones, para nunca dejarle saber.

Nuestra casa estaba hecha de barro y madera. Mi madre excavó un hueco en la mitad del piso en la cocina para que mi hermano menor no se escapara. Mi hermano jugaba seguro en su hueco mientras mi madre cocinaba. El techo de la casa estaba cubierto con hojas de manaca que algunas veces dejaban entrar agua. El corral de mi hermano se volvía un charco de barro. Antes de poner a mi hermano en su hueco en el piso, ella agarraba una escoba y daba unos golpes alrededor, por las dudas de que una serpiente este enroscada ahí. Solo una vez vimos una. Y el recuerdo de su cuerpo largo, ondulante y traicionero deslizándose fuera del rancho se ha quedado conmigo hasta el día de hoy. En ese pequeño espacio vivíamos nueve.

Al tratar de estudiar, me ponía pedazos de servilletas en mis orejas para no oír a los bebés llorando, a las personas hablando y al fuego ardiendo, pero nunca me molestó el olor del fuego en el aire, aquel fuego abierto donde mi madre y mi abuela preparaban tortillas, arroz y frijoles. Tengo muy buenos recuerdos de ese lugar "seguro." He trabajado mucho para olvidar las memorias malas, pero no puedo olvidar mis raíces.

Nosotros dormíamos en esteras delgadas sobre el piso duro y cuando las lluvias venían y el techo goteaba, nos pasábamos a las esquinas secas y nos acurrucábamos todos juntos. Orábamos el Salmo 23, "Jehová es mi pastor; nada me faltará. En lugares de delicados pastos me hará descansar, junto a aguas de reposo me pastoreará", y el Salmo 91, "El que habita al abrigo del Altísimo Morará bajo la sombra del Omnipotente." Orábamos por nuestros vecinos, nuestros seres amados y por las personas que tenían menos que nosotros. La fé es crucial para mi familia. Nos ha ayudado a sobrevivir día tras día.

Capítulo 3

Me aparté de mi madre. Al desprenderme de ella, cambié mi cara — me puse una máscara y dije "mamá tengo que irme. El bus me espera." Me despedí de todos. Mi padre, intentando ser lo fuerte que yo estaba actuando ser, me abrazó firmemente antes de salir por la puerta. Lágrimas dejaban mis ojos mientras yo dejaba el rancho. Caminé casi dos millas para despedirme de mis abuelos secándome las lágrimas todo el camino.

Mi abuela abrió la puerta y me miró a los ojos por un largo rato. "Oraré por ti todos los días, Alexis, Dios está contigo, no se te olvide."

La besé en sus cachetes arrugados, mirando hacia su rancho. "Tu abuelo se acaba de ir", me dijo con tristeza.

"¡Oh no! ¿Hace cuánto se fue?

"Acaba de irse, y si corres lo alcanzas." Puso mi cara entre sus manos y me beso otra vez.

¡Vete!" Me empujó hacia afuera.

Empecé a correr por la carretera, y en ese momento vi al viejo caminando para sus campos de maíz.

"¡Abuelo, Abuelo, para!", le dije.

"Me voy."

"Oraremos por ti, hijo. Todas las noches." Puso una mano sobre mi hombro.

"Nos veremos otra vez", le dije casi llorando, con un nudo en la garganta. Sabía que sería la última vez que lo vería. Él no estaba bien. Observé su cara con cuidado, miré sus arrugas y su piel oscura, sus ojos oscuros y brillantes. Besé su cachete y lo dejé atrás, de un lado de la calle.

Sentía sus ojos sobre mí, mirándome mientras caminaba. No me di vuelta. Mis piernas parecían plomo mientras caminaba aquella milla y media a la estación de buses. Mi corazón palpitó cuando vi a mi padre parado allí, secando el sudor de su frente con su pañuelo gris. Estaba sin aire.

"Tenía que verte una vez más", me dijo. No pude hablar, pero me moví hacia su abrazo. Ninguno de los dos pudimos hablar. Solo lloramos, juntos, mientras viajamos hasta El Progreso. Eso fue lo más lejos que él pudo llegar, ahí me abrazó y me besó. Lloramos otra vez hasta que su bus de vuelta al rancho llegó. Antes de subir al bus me dio su pañuelo gris. Yo guardé ese pedazo de tela como si fuera una joya durante todo mi viaje.

No tuve que esperar mucho a mi primo Carlos. Él fue mi compañero de viaje. Fue un alivio tener un poco de tiempo para contener mi llanto. No quería que mi primo me viera llorando y que pensara que yo era un bebé. Pude ver que Carlos también había llorado. También acababa de despedirse de su familia.

"Tengo miedo Alex", me susurró Carlos mientras esperábamos al coyote. Yo estaba sorprendido porque mi primo era mayor que yo. Yo esperaba que él fuese mi protector, pero él estaba tan asustado como yo. "Yo también tengo miedo. Vamos a estar bien yo he estado orando." Carlos asintió con la cabeza. Él sabía que mi relación con Dios era lo más importante para mí. Yo había estado orando sobre esto todas las noches y estaba seguro de que íbamos a obtener un guía seguro. Carlos se mantuvo cerca de mí.

No tuvimos que esperar por mucho tiempo. El coyote llegó y recogió todo el dinero de los pasajeros –un coyote es una persona que organiza el viaje en cada ciudad. A cambio de un pago, lo lleva a uno a su destino. Estas personas hacen esto exclusivamente por dinero, y por lo general son antipáticos y roban a sus clientes.

Al sacar las lempiras (moneda Hondureña) de mi bolsillo, las manos me temblaban. Mis ojos se enfocaron en las dos pistolas que colgaban a cada lado de la cintura del coyote. Me di cuenta de que tenía sus propios sicarios peligrosamente cerca, listos para matar a cualquier persona que tratara de robar a su jefe. Nadie sería así de estúpido.

El coyote nos hizo pasar a un bus público que iba a San Pedro Sula, Honduras. Noté que Carlos también estaba temblando y sudaba. Cuando nos sentamos, puse mi mano sobre uno de sus hombros. Había otros ocho "viajeros" en el bus. Nadie habló. Todos estábamos en nuestros propios pensamientos. El bus estaba lleno de gente que iba a sus trabajos. Unos bebés lloraban y sus madres trataban de calmarlos.

Quería ofrecer mi asiento a una madre joven, pero tenía miedo de moverme de mi lugar. Los pasillos se llenaban de gente que peleaba por un poco de espacio. Me pregunté si alguien sospechaba de que diez de los pasajeros íbamos en un viaje a tierras muy lejanas. Cerré mis ojos y traté de imaginar un viaje seguro hasta que llegáramos a Baltimore, donde vivía mi primo. Él trabajaba en una panadería, así que intenté imaginar el olor del pan fresco y mis manos cubiertas de masa, pero lo único que podía ver eran esas pistolas. Cerré mis ojos, debía dormir. Cuando llegamos a San Pedro Sula, me desperté recostado sobre Carlos. Me limpié la saliva del cachete y estiré mis piernas. Había sido un incómodo viaje de tres horas.

Nos bajamos frente a una glorieta; una de esas casas diminutas al lado de la carretera donde venden comida frita. Nos dieron un plato de lata con frijoles, arroz y un poco de pollo grasoso que nos comimos con mucho gusto. Los diez esperamos por el próximo guía para que nos diera instrucciones. Él llegó en minutos y nos dijo que nos subiéramos a un bus que iba a la frontera con Guatemala. Allí nos encontraríamos con un hombre con camiseta roja. Debíamos seguirlo. "No hagan ninguna pregunta solo manténganse callados y hagan lo que él les diga." Nos llenamos de comida, un poco preocupados porque pasaría un buen tiempo para volver a comer. Luego nos montamos en el bus para la frontera. El viaje solo duró un par de horas y tuvimos que caminar alrededor del pueblo para esquivar el punto de control y la patrulla de la frontera. Cruzar ese paso fue fácil.

Paramos en una estación pequeña en Naranjo, Guatemala, y nos encontramos con el hombre de la camiseta roja. Era un Guatemalteco tosco, con un bigote largo, llevaba botas vaqueras y su apariencia nos hizo saber bien quién era el jefe. No hablaba ni reía. Solo nos guió hacia una casa pequeña de familia pobre donde debíamos hospedarnos. La casa, si así pudiera llamarse, era humilde desde sus cimientos; tenía pisos de barro, pedazos de cartón cubriendo lo que quedaba de las ventanas, y una estufa sucia sobre una mesa de madera todavía más sucia. Esta familia vivía en condiciones precarias. Mi madre no se hubiera quedado en esa casa. Sin embargo, nosotros no teníamos ninguna otra opción. Agradecimos la hospitalidad que nos ofrecieron, comimos y nos dieron una silla a cada uno para dormir. No había cobijas ni almohadas. No pude dormir. Mi mente se ocupó con pensamientos sobre el futuro; me preocupaba mis padres, tuve fantasías de cómo podría llegar a ser mi vida nueva, sin miedo y sin hambre. Vi un par de lagartos subir la pared de cemento. A pesar del calor, la incomodidad de la silla me hizo desear una cobija. Por fin me pude dormir, escuchando a mis compañeros roncar.

A la mañana siguiente, la señora de la casa nos dio avena. Recuerdo que sonrió un poco cuando le di las gracias. El hombre de la camiseta roja llegó y lo seguimos al Río Naranjo donde abordamos un bote que parecía más una canoa. Entre empujones, luchamos para no quedar en la orilla. La mayoría de nosotros nunca habíamos navegado en un bote como ese. El río estaba calmado ese día. Viajamos por veinte minutos hasta pasar frente a una garita, una casetica algunas veces cuidada por la policía local. Le pedimos a Dios que estuviera vacía, pero esta vez, desafortunadamente, estaba ocupada.

"Cincuenta quetzales", demandó el guardia.

Lo único que tenía era un billete de cien Quetzales, sabía que el oficial no me devolvería el cambio. En retrospectiva, hubiera sido más fácil para Carlos o para mi pagar, por los dos, pero en esas circunstancias uno tiene mucho miedo y no puede pensar claramente.

"No tengo dinero", le dije.

Se rió. "Entonces para afuera. Sin dinero no puede seguir. Despídase y bájese." Estaba aterrorizado y saqué el billete de mi bolsillo. Se rió condescendientemente y lo recibió. Le pregunté por el cambio porque era todo lo que tenía. Otra vez sonrió, se quedó con todo el dinero, y dijo "vámonos."

Continuamos por el río abajo por dos horas y, aunque tenía mucho miedo, yo no paré de mirar por la ventana porque, de verdad, todo era precioso. Había verde por todas partes, y pájaros coloridos volaban libres. Paramos a cierta distancia del pueblo, nos bajamos. Estábamos un poco mareados, pero teníamos que parecer lo más normal posible. Atravesamos un bosque siguiendo un camino que desembocaba en un potrero de vacas. Tuvimos cuidado de no pisar la boñiga que estaba por todo el campo. Saltamos rejas hasta que el campo ya no estaba cubierto. Para no ser vistos, tuvimos que correr uno por uno por un costado del campo, como las cabras. Así podríamos llegar a otra zona de bosque y escondernos. No teníamos comida ni agua, y seguimos el camino. Las montañas nos rodeaban, y tuvimos que escalar muchas para llegar al pueblo donde nos esperaban. Llegamos por la tarde, con hambre y agotados. Nos llevaron a un establo vacio. Esperamos por horas comida que nunca llegó. Dormimos sobre el piso. Nos acurrucamos juntos sin cobijas, nada. Hacía frío, pero ese no sería el peor de los fríos que íbamos a sentir.

Nos levantamos en la madrugada, al ver aparecer un carro pequeño. Los diez miramos al coyote abrir el baúl y tomar a los dos primeros de nosotros. Los empujó hacia el baúl y ordenó: "¡Entren!".

"¿Ahí?", dijo uno de ellos, apuntando a la oscuridad del baúl.

"¿Quiere continuar? Si quiere, entonces entre." Esos dos estaban aterrorizados y yo quería correr. Carlos me cogió del brazo. Me alegré de no ser el primero.

Cada veinte minutos, de dos en dos, nos forzaban a entrar dentro del baúl, para llevarnos a otra casa segura. No quería meterme. El olor era terrible. Supuse que alguien, por el miedo, había hecho sus necesidades dentro del baúl. Me metí primero tratando de respirar para no desmayarme. Carlos se metió después, poniendo su cabeza entre mis piernas y mi cabeza entre las suyas, como un par de zapatos en una caja. Quise taparme la nariz pero tenía miedo de hacerlo porque no había oxígeno suficiente. Oré con mis ojos cerrados y en silencio. Imaginé que estaba sobre mi estera, en el piso duro de mi casa. Carlos lloraba y quise consolarlo, pero no podía hablar en ese lugar. Oré, pidiendo no orinarme encima.

El carro se detuvo y se oyeron pasos sobre la grava y voces que no se podían escuchar muy bien. Sentí pánico. Nadie abría la puerta del baúl. Quise golpear la puerta del baúl, pero sabía que tenía que mantenerme callado. No sentí ninguna señal de Carlos y pensé que se había muerto. Estaba luchando para respirar cuando finalmente una llave crujió en el metal y la puerta abrió. Nuevamente pude respirar aire fresco. Empecé a llorar como un bebé, y me pregunté si todo eso valía la pena. Alguien me ofreció una mano áspera, yo la tome y me sacó violentamente. Aterricé sobre mis pies y me sequé los ojos, pero no antes de que el conductor me viera.

"¡Estás llorando hijo, espera no más!", se rió con maldad. Carlos me miró, con ojos bien abiertos. Sacudí mi cabeza. Sobreviviré, me hice esa promesa.

Llegamos a la casa segura, el conductor llegaba con más y más gente. Parecía un imán recogiendo pedazos de metal, y gente nueva seguía llegando. Cuando estábamos todos juntos, veinte de nosotros en ese momento, un camión de plataforma llegó. Era viejo y estaba todo golpeado. Tenía listones de madera a cada lado. "¡Súbanse, los gordos primero, y acuéstense sobre sus estómagos!", gritó el 'coyote'. Nos miramos. Nadie era particularmente gordo, pero los más grandes y altos se subieron primero, ocupando toda la superficie de la plataforma. "El resto de ustedes, encima de ellos. Cuerpos sobre cuerpos hasta el próximo pueblo." No había límite de velocidad, y ese conductor manejó muy rápido, por calles destapadas. Teníamos que sostenernos los unos de los otros para no salir volando del camión. El hombre debajo de mí gritó. Me agarré tan fuerte de él que le enterré las uñas. Viajamos así por días. Milla tras milla. Cada noche nos revisábamos las heridas. Sin casi podernos mover, dormir era la única distracción. Cuando esa odisea terminó, y llegamos a la siguiente parada, estábamos completamente magullados y maltratados.

Finalmente, un nuevo guía guatemalteco nos llevó hacia un bus público que nos conduciría a una ciudad pequeña en la frontera con México. Me senté en el bus y escuché el dialecto de los locales. Por un breve momento me emocioné y pensé que quizás ya estábamos en Texas y que eso era inglés. Pero solo era un dialecto Maya y Guatemalteco. Estábamos muy lejos de Texas.

Capítulo 4

Después de dos días sin comer, nos dieron un poco de pan y café. Fue como Maná en el desierto. A pesar de la incomodidad física del viaje, me sorprendió lo poco complicado que había sido hasta ese momento. Qué ingenuo fui. La complejidad de lo que nos esperaba asombraría y cuestionaría mi naturaleza simple. Lo que yo estaba empezando a entender es que nosotros los humanos nos inventamos fronteras y obstáculos. Ya que he cruzado muchos, me pregunto: ¿qué son verdaderamente? Son líneas hechas por los humanos para separarnos, para diferenciarnos. Las inventamos para mantenernos afuera, para mantenernos adentro, para mantenernos seguros, para acogernos o para expulsarnos. Nos invitan a cometer errores, a recibir dinero por fechorías. Son muros reales o simplemente imaginados. Nosotros somos la única especie que crea fronteras. Estas no son más que líneas en la arena y, sin embargo, son muy reales cuando se cruzan.

Pasamos la frontera con México arrastrándonos por más de doscientas yardas, en fila sobre nuestros estómagos, como serpientes. Cruzamos a una área segura, sin guardia y sin garita. Había muchos árboles, pero los árboles tienen ojos, así que tuvimos que mantenernos bajos y callados. Si los locales nos veían, seguro que nos reportaban, nos secuestraban o incluso nos mataban.

El nuevo 'coyote' era un chico mexicano, muy joven, tal vez de diecinueve o veinte años. Parecía ser muy pobre; sus botas eran sorprendentemente grandes para su pequeño tamaño. Cargaba una bolsa con comida y agua que compartió con nosotros. Seguimos a pie a ese chico hasta Chiapas, México. Allí nos montamos en un bus que nos llevó de una casa segura hasta otra. El viaje que duró una semana hasta llegar a Veracruz donde por gracia divina nos dieron posada en un motel limpio. El lugar incluso tenía una piscina con jardín, y lo mejor de todo fue que había duchas con agua caliente. Fue la mejor ducha de mi vida, y también la primera. Me sentí como una persona.

En ese motel nos dieron ropa para parecernos a campesinos mexicanos. A mí me dieron una camisa azul, jeans limpios, un sombrero mexicano y botas de trabajo. ¡Nos dieron desayuno! Jamón y huevos, pan con mantequilla y café. Esa noche dormí muy bien. A la mañana siguiente, nos subimos en la parte de atrás de una camioneta, éramos cuatro, cada uno en una esquina, nos veíamos como típicos trabajadores agrícolas. Viajamos por dos horas hasta que llegamos a una estación migratoria. Debí quedarme quieto, como cualquier otro campesino, y no prestar atención a las cámaras que estaban en cada esquina. Pero yo era un chico inocente de diecisiete años y nunca había visto cosas así. Me quedé boquiabierto, y ahí fue cuando las cámaras nos vieron como ilegales. Con horror, vi correr hacia nosotros a dos oficiales de la Estación de Policía. Nos persiguieron en una patrulla hasta que nos pararon y nos arrestaron.

Capítulo 5

Desde el momento en que vi a los oficiales correr, me quise morir. Sabía que nos iban a arrestar. Me mantuve difícilmente en silencio, conteniendo el llanto, pensando que mi curiosidad había sido la razón de nuestra desgracia. Dos oficiales mexicanos nos detuvieron, nos esposaron y nos montaron atrás de una camioneta blanca. Nos llevaron a la estación y nos pusieron tras las rejas. La celda era pequeña, había tanta gente que apenas podíamos sentarnos. Muchos de nosotros lloramos, había personas de muchos países, de América Central y América del Sur, incluso de China. Todos tratábamos de romper con la pobreza y con la violencia. Todos buscábamos el camino hacia un mejor futuro.

Nos mantuvimos juntos, acurrucados, asustados por nuestro destino incierto. Difícilmente pudimos conciliar el sueño. La única forma de dormir era mantener nuestros pies y rodillas pegados a nuestros cuerpos; era imposible estirar nuestras piernas. Teníamos que hacer fila para ir al baño y solo había un inodoro para sesenta personas. Olía horrible, el asiento no era nada mejor, así que me obligué a tan solo orinar. No podía siquiera pensar en usar ese asiento. En cuanto a la comida, solo nos alimentaban una vez por día. Nos daban huevos fritos, jamón, pan blanco y una botella de agua. Para nosotros eso era como un banquete, y así saboreábamos cada bocado.

Cinco días después, cuando hubo suficiente gente para llenar el bus de inmigración, nos deportaron. Nos llevaron a la frontera de Guatemala con Honduras. El chofer del bus puso el aire acondicionado toda la noche. Hacía mucho frío, demasiado, y supimos que lo había hecho deliberadamente, para hacernos sufrir. No había ninguna necesidad de mantener el aire tan helado. Ya hacia lo suficientemente frío afuera. Quizás esa era su manera de asustarnos para quedarnos en casa. ¿A quién le gustaría repetir esa experiencia? Nadie tenía ni siquiera una chaqueta o un saco para cubrirse del frío, entonces jalé mi primo hacia mí y lo abracé.

El conductor estaba bien abrigado, con chaqueta, gorro y guantes. Durante esos dos días y dos noches, no comimos. No teníamos dinero, tan solo lo suficiente para comprar agua. Llegamos a la frontera de Guatemala con Honduras y nos dejaron en la oficina de aduanas. Supuse que estábamos a siete u ocho horas de mi pueblo, aunque no tenía ni idea de cómo íbamos a llegar a casa. Pedimos ayuda para hacer una llamada telefónica, pero nadie nos ayudó. La personas de allí ya conocían esa situación y se habían vuelto indolentes.

Como resultado de la bondad de Dios y las oraciones milagrosas de mi madre, encontramos un conductor de bus de una calidad humana maravillosa que estuvo dispuesto a llevarnos hasta San Pedro Sula sin cobrarnos nada. Cuando llegamos, al bajarnos del bus, nos dio cincuenta lempiras y nos dijo "¡esto es lo único que puedo hacer por ustedes!". Era más que suficiente, y nuestro agradecimiento era inmenso. Le dimos las gracias profusamente, porque sin ese viaje y esas lempiras que nos dio, no me imagino qué habría sido de nosotros. Gastamos el dinero en un tiquete de bus que nos dejara lo más cerca posible de la casa. Caminamos de regreso a Yoro con nuestros estómagos gruñendo, decepcionados y avergonzados. Me sentí un fracaso. Después de quince días, volvimos sin haber logrado nada.

Llegamos a casa todavía vestidos como campesinos mexicanos. Estábamos apestosos, sudorosos, cansados y muy flacos. Mi hermana nos vio desde la ventana y le dijo a mi madre, "¡Ese muchacho se parece a Alexis!". Ella se asomó y me vio. "No, ese no es Alexis, ese muchacho es un mendigo, y está muy flaco. Mi Alexis es más grande y fuerte."

Pero estaba equivocada. Mi primo y yo nos acercamos más a la casa. Al reconocerme, mi madre gritó y me abrazó. Yo también la abracé. Mi familia escuchó el alboroto y cuando llegaron me encontraron delgado y desaliñado, pero aún vivo y sano.

"¡Hijo, necesitas comer, estás muy flaco!", dijo mi madre, manteniendo mi cabeza en sus manos. "¿Alguien te lastimó? ¿Dónde dormiste?

Decidí no contarles para no preocuparlos, porque lo iba

a hacer una y otra vez de ser necesario. Miré nuestro rancho con la determinación de llegar a mi destino. Mi sueño, mi plan, era encontrar un trabajo bueno y mandar dinero para ayudar a mis padres. Sabía que nunca iban a querer que me fuera de Honduras, pero también sabía que le darían la bienvenida a un inodoro dentro de la casa, y a un piso que no se volviera un lodazal cuando lloviera.

Esta vez mi madre no trató de convencerme de que me quedara. Ella sabía que ya le había pagado al coyote, y tenía tres oportunidades para salir del país hacia Los Estados Unidos—los coyotes solo incluyen en el precio tres oportunidades, ni una más.

En lugar de insistir, mi madre se dedicó a cuidarme para que recobrara mis energías y el peso perdido.

El Lunes 12 de Marzo, empecé la búsqueda de nuevo, con la meta de alcanzar el camino hasta Baltimore, donde vivía mi primo. Así comenzó mi viaje más largo.

Fue mucho más difícil despedirme de mis padres, mis hermanos y mis amigos. Yo tenía miedo por mis hermanos especialmente. Las pandillas estaban arrasando la zona, incluso nuestro pequeño pueblo. Mis hermanos eran muy jóvenes para atraer el interés de los pandilleros, pero solo era un cuestión de tiempo. Pensé en Víctor, un primo lejano que se involucró con las pandillas y lo mataron a él y a su hijo joven.

Capítulo 6

Nuestro segundo intento nos devolvió a lugares que ya habíamos experimentado. Ahora estábamos en México. Los seis nos sentamos bien quietecitos, muy parecidos a los trabajadores mexicanos, con jeans oscuros, camisas de campesino y gorras de béisbol, mientras la buseta entraba a la ciudad de México. Cuando nos detuvimos, me di cuenta de que estábamos en un área extraña e aislada, solos, sin tráfico cerca. Mi corazón empezó a latir muy rápido. Había un taxi estacionado muy cerca a nosotros, bloqueando la salida del bus, y me pregunté si seríamos transferidos a ese vehículo. Así fue, pero no como me lo había imaginado. La puerta del bus se abrió y todos nos paramos a estirarnos.

"¡Esto es Ciudad de México! ¡Bájense!", gritó el chofer del bus. Pensamos que esa era la señal para encontrar un teléfono público y llamar al próximo coyote. Tenía su número de teléfono en lugar seguro. Lo llevaba en el bolsillo pequeño de mis pantalones.

Aún dentro del bus, vimos la puerta del taxi abrirse. Del vehículo se bajó su chofer. Era un hombre de apariencia ruda. Parecía antipático, y tendría más o menos unos cuarenta años. Por alguna razón que al comienzo no pude entender, el chofer abrió la puerta de atrás del taxi. El primero de mi compañeros bajó del bus y el taxista inmediatamente lo cogió por el cuello y lo empujó adentro del taxi. Mi primo y yo nos alertamos. Las dos personas atrás de nosotros abrieron la puerta de emergencia y salieron a correr. El conductor tiró al hombre que teníamos adelante, lo bajó del bus y lo arrojó hacia el taxi. Mi primo y yo nos miramos. Sabíamos que teníamos problemas.

Mire atrás mío y pensé escaparme como los otros dos, pero Carlos ya se estaba moviendo hacia la escalera y yo no lo iba a dejar solo. El hombre agarró a mi primo, lo puso en el taxi y después vino por mí. Yo estaba tan delgado que cuando me agarró del cuello me levantó del suelo. Me tiró adentro del taxi y caí encima de los otros.

"¿Para dónde se fueron sus amigos?", preguntó el taxista. "Yo sé que había seis personas en el bus, y ahora solo hay cuatro. ¿Dónde están?"

Por alguna razón me miraba a mí.

"No sabemos", fue lo único que le pude decir.

Se subió al carro y empezó a conducir. "¿Quieren vivir?", nos preguntó. Teníamos miedo de responder. Nos habían dicho que no diéramos ninguna información a nadie. "¿Dónde está su coyote?" Nos mantuvimos callados. Estábamos aterrorizados.

Sabíamos cómo podría terminar una situación así: amenazas de extorsión, amenazas a miembros de la familia, hasta amenazas de muerte, o simplemente la muerte.

"Pregunto otra vez, ¿quieren vivir?"

Carlos empezó a llorar y lo tomé del brazo. Teníamos que mantenernos callados. Yo oraba en silencio para que no me revisara. Con el número de teléfono del coyote en mi bolsillo, el hombre podía encontrarlo en cualquier momento. Continuó sus preguntas y su intimidación. Me imaginé cómo recibiría mi madre las noticias de mi decapitación, o de mi ahogamiento en algún río, o quizás no recibiría ninguna noticia. ¿Moriría en silencio? ¿Gritaría? ¿Me torturarían primero? Recé para que fuera rápido. ¿Y si me esclavizaban? Eso sería lo peor. Condujo el carro hacia un lugar silencioso donde la policía nos estaba esperando. Mi corazón casi explotó porque pensé que nos iban a salvar. El hombre detuvo el carro y nos dijo que saliéramos. La policía nos entrevistó, pero no para ayudarnos sino para extorsionarnos.

"¿De ustedes quién es el coyote?" Mantuve mis manos en mis bolsillos, tratando de no llamar la atención, y a escondidas saqué el pedacito de papel y me lo metí en la boca. El policía me vio.

"¿Qué tiene en la boca?"

"Nada."

"Lo vi. ¿Qué está escondiendo?"

No me lo pude tragar porque me miraba. "¡Escúpalo!"

Lo escupí al piso. Él lo recogió y lo desenrolló. Inmediatamente lo leyó y se fue a hacer la llamada. Ese coyote mexicano probablemente pensó que la llamada era de nosotros, no de la policía. Estoy seguro de que no estaba contento.

Nos vendaron los ojos y nos llevaron a un edificio donde nos metieron dentro de una celda con camarotes sucios. Allí era donde teníamos que esperar hasta que el coyote les pagará. Yo oré para que el coyote tomara la mejor decisión y tuviera compasión de nosotros. Si él se negaba a pagar, la policía nos forzaría a decirle cómo contactar a nuestras familias, y probablemente los amenazarían con extorsionarlos. Si ellos se negaban a pagar, nos torturarían o nos matarían. Yo sabía que mi familia pagaría lo que fuera por mi seguridad. También sabía que ellos no tenían dinero, tendrían que endeudarse con un prestamista y el interés sería muy alto. Esos pensamientos me torturaron por días.

No tuvimos agua ni comida durante todo ese tiempo. Bebimos de una llave que goteaba cerca al único inodoro con la esperanza de que fuera agua potable. Finalmente, el coyote le pagó a la policía veinte mil pesos por cada uno, y nos dijeron que pronto seríamos libres. Ese monto equivalía a mil dólares y supe esa era una nueva deuda que tendríamos que pagar.

Mi plan era llegar a los Estados Unidos, trabajar y pagarle al coyote. No quería que mi padre le pidiera dinero prestado a nadie. Cuando una persona trabaja desde las siete de la mañana hasta las cinco de la tarde y gana menos de cinco dólares al día, recaudar mil dólares no es nada fácil. No podía darle esa carga a mi padre.

Más tarde supe que el coyote de Honduras contactó a mi padre. Y aunque le dio suficiente tiempo para pagar, fue claro en que lo matarían si no lo hacía. Recé por llegar rápido a Los

Estados Unidos. Recé por empezar a trabajar, por comenzar a mandar dinero a casa.

"¡Levántense!", dijo el policía. Nos levantamos de nuestras butacas y nos paramos al frente de él. Temíamos que nos lastimaran. Nos vendaron los ojos y nos llevaron a la estación del tren donde nos encontramos con otro coyote que nos llevó a una casa segura. Allí pasamos tres días. En la casa vivía una familia muy amable que nos dio la bienvenida y nos atendió como se lo merece un ser humano, con comida y buenas camas para descansar, y sobre todo con mucha compasión. Nos dieron cinco minutos para comunicarnos con nuestras familias. No pude llamar a mis padres porque no había teléfono en mi casa. Llamé a mi primo en Baltimore esperando que no me temblara la voz.

"Edwin, soy yo."

"¡Alex! ¿Dónde estás?, ¿estás bien?"

"Estoy bien, estoy en México. Voy en camino. Por favor, de alguna manera, dile a mi familia que estoy bien."

"Por supuesto. Te estamos esperando. Cuidate."

Era la primera vez desde que había salido de mi casa que me sentía en familia. A la gente de aquella casa le pagaban, pero parecía que usaban el dinero para ayudar a los viajeros. La mujer era muy buena cocinera y era claro que se preocupaba por lo que cocinaba. Recuerdo su sudado de pollo, la sopa de carne, la de pescado, las tortillas hechas en casa, el pico de gallo y el café con leche. No queríamos irnos. Después de tres días de ser parte de esa familia, ella nos abrazó y nos dio su número de teléfono. Nos dijo que viajáramos con cuidado y que la llamáramos cuando llegáramos a nuestro destino final. Ella se portó con nosotros como una madre.

En la madrugada, descansados y renovados, mi primo, los otros ocho viajeros y yo seguimos al siguiente coyote para tomar el bus hacia la siguiente ciudad. Nos forzaron a meternos debajo del bus, donde se guardan las maletas. Estaba oscuro, caliente y apretado allá abajo, y estábamos uno encima del otro. No teníamos ninguna idea de dónde íbamos y cuánto tiempo estaríamos ahí. Esperábamos que cada parada fuera la última, necesitábamos ir al baño y tomar agua, pero en su lugar empujaban más y más gente hasta que casi no podíamos respirar. Durante ese viaje agonizante, fuimos sacudidos constantemente y nos golpeamos los unos contra los otros. No podíamos estirarnos, ni ver las luz del día.

Después de veinte horas escondidos en ese lugar, mis compañeros empezaron a llorar, a orinarse y a hacer del cuerpo en sus pantalones. Fue como estar en una pesadilla. Tuve que orinar urgentemente. Lo intenté, pero no pude. No podía relajar mi vejiga. Después de muchas horas, por fin abrieron las puertas, dejando que entrara el aire fresco. Respiramos como si estuviéramos ahogándonos. El aire contaminado del exterior era mejor que el olor a mierda dentro de ese compartimento. Nos dejaron salir y caímos al suelo. La mayoría de nosotros estábamos tan mareados que nos tomó un tiempo ponernos de pie. Nos llevaron a los baños donde muchos pudieron limpiar sus pantalones llenos de mierda. Era asqueroso, pude ver la vergüenza en la cara de mis compañeros. Yo no hice nada, y cuando estuve parado frente al orinal traté de relajar mi vejiga, pero no pude orinar. Tenía dolor y me asusté. ¿Qué tal si no podía orinar nunca más?

Estuve ahí, todavía mareado, por largo tiempo tratando de forzar mis orines, y me habría caído de no ser por Carlos que me ayudó a mantenerme en pie. Finalmente, con lágrimas, renuncié a mis esfuerzos por orinar. Entonces Carlos me arrastró al bosque para intentarlo una vez más. Me paré cerca a un árbol y respiré profundamente forzando mi cuerpo a relajarse. Me concentré en la tarea, pidiéndole a Dios que me dejara orinar, porque mi vejiga estaba a punto de estallar. Después de unos minutos se abrieron las compuertas. Regué aquel árbol durante un tiempo que pareció una eternidad. Sentí como si galones de líquido dejaran mi cuerpo. Fue un inmenso alivio. Cuando por fin terminé, pensé que el dolor se iría, pero no fue así. Durante los siguientes dos días estuve en agonía. Cada vez que trataba de orinar, me aterraba la idea de tener un problema serio de salud. Al tercer día, el dolor por fin se disipó y pude orinar fácilmente de nuevo.

Capítulo 7

Poco después dividieron nuestro grupo. A Carlos y a mí nos llevaron a la casa de una pareja muy extraña. El hombre se pasaba el todo tiempo tomando botellas grandes de cerveza Caguama. Cada botella contenía 32 onzas y él se las tomaba como agua. Nos quedamos allí dos días y dos noches. La casa estaba en malas condiciones. Las paredes eran de cemento y estaban cubiertas de grasa. Los pisos eran de pura tierra, había botellas de cerveza esparcidas por todas partes, cigarrillos medio fumados, ropa sucia... A mi madre le habría dado un ataque. Aunque en casa teníamos piso de tierra, siempre estaba barrido y ordenado. No pude imaginar dónde dormiríamos. Había dos cuartos, uno donde dormía el hombre, y el otro era la celda de su esposa. El hombre la mantenía encerrada ahí. Nos dijo que estaba preocupado por su vida porque su "esposa" había tratado muchas veces de matarlo a puñaladas. La mujer se mantenía en su esquina en silencio, con la cabeza abajo, y su pelo enredado y enmarañado cubriendo su rostro. Más tarde supimos que ella era Hondureña. Nos habría gustado hablar con ella, pero no habló mucho durante los dos días que estuvimos allí.

A mí no me gustaba la cara del esposo, y sus ojos rojos me aterraban. Nos llevó detrás de un establo y nos mostró la esquina de su propiedad, donde admitió haber enterrado a una mujer joven muchos años atrás. Luego nos dijo que por el establo rondaban fantasmas. "No van a dormir bien aquí esta noche", nos prometió. "Un fantasma montado a caballo va a correr hacia ustedes y van a oír los ruidos de sus bridas y sus campanas. Van a sentir espíritus tocándolos, burlándose de ustedes, aullando y llorando. ¡Dulces sueños, mis amigos! ¡Dulces sueños!"

Carlos, con sus ojos abiertos como nunca, parecía estar hipnotizado. Por alguna razón, que –creo yo– fue la protección de Dios, ni Carlos ni yo le hicimos ninguna pregunta al extraño hombre. Nos quedamos callados, y aunque ciertamente curiosos, estábamos aterrorizados, sin duda. Antes de dejarnos solos, nos llevó de vuelta a su casa, al cuarto donde dormía su esposa –quizás lo más probable es que estuviera secuestrada. Al entrar pudimos escuchar que ella hablaba en su sueño. Lo hacía en un perfecto acento hondureño. Habló con coherencia y lo que dijo me asustó. La mujer conversaba con alguien que no podíamos ver. "¡Ay Dios! Me tengo que escapar de esta basura. La única salida es matándolo. Si no, me voy a quedar atrapada aquí." Hubo una pausa. "Sí, yo lo sé!" Empezó a llorar. El hombre nos miró negando con su cabeza. "¿Sí ven? ¡Está loca!"

Nos llevó fuera del cuarto, sacó una llave de su bolsillo y aseguró la puerta detrás de él. Nos dijo que la mujer estaba poseída por un demonio porque cada noche tenía esas conversaciones con alguien invisible, y porque muchas veces lo había tratado de matar con un cuchillo de la cocina.

Nos llevó otra vez al establo y nos mostró una hamaca que podíamos usar. Nos dio una cobija y nos dijo que probablemente no dormiríamos por los fantasmas. Me gusta pensar que estábamos protegidos porque dormimos como bebes y nunca oímos nada.

Capítulo 8

Después de dos noches y un día entero con esa gente extraña, el guía de turno nos recogió y nos transfirió a un camión con dieciocho ruedas, y viajamos toda la noche con un chofer que consumía drogas para mantenerse despierto. Nos hizo enrollar un cigarrillo de marihuana con cocaína, y lo fumó adentro de la cabina, con las ventanas cerradas, y tuvimos que respirar todo ese humo. Tuve miedo de que nos fuéramos a intóxicar o a alucinar. Yo nunca había sido expuesto a esas sustancias.

Mis preocupaciones se confirmaron. No dormimos nada durante toda la noche, y estuvimos acelerados por los siguientes dos días. Para cuando los efectos del humo nos dejaron, estábamos exhaustos. Llegamos con los ojos todavía nublados a la frontera con Los Estados Unidos. Nos llevaron a una casa cerca del Río Grande donde había muchas personas de América Central. Todos dormimos en el mismo cuarto. Los olores eran asquerosos porque nadie se había bañado por muchos días. Eventualmente, nos llevaron uno por uno a una ducha afuera. Nos dieron una toalla áspera y cinco minutos para bañarnos en la oscuridad de la noche. Disfrute cada uno de esos minutos. Sentí el agua fresca sanando mi piel reseca, y miré hacia las estrellas. Me sentí como un ser humano por un momento.

En varias oportunidades nos llevaron hacia un lugar poco profundo del río donde teníamos que quitarnos la ropa y hacer una fila para cruzar. De dos en dos, nos tomábamos de las manos para que el río no nos arrastrara. Con una mano sosteníamos a nuestro compañero y con la otra manteníamos nuestra ropa fuera del agua. Cada vez que lo intentábamos, había un oficial de inmigración al otro lado, y teníamos que regresar. Esto se repitió por muchos días.

El día en que pudimos cruzar al otro lado finalmente llegó. Ya fuera del agua nos sentimos triunfantes, y empezamos a vestirnos. De repente, alguien gritó "¡la migra!", y corrimos de nuevo al río. No tuvimos tiempo de quitarnos la ropa, y así cruzamos el río. Nos devolvimos para la casa, completamente mojados. No teníamos otra ropa para cambiarnos, y temblando del frío, dejamos que nuestro calor corporal con el tiempo la secara. Fue muy incomodo.

Pasamos trece días en esa casa, como prisioneros. Sin poder salir o respirar aire fresco. No había mucha comida y, por esos trece días sin excepción, no comimos otra cosa que tortillas con cebolla frita, tres veces al día.

El día catorce nos llevaron otra vez al Río para cruzar de nuevo. Pudimos llegar al otro lado y oímos a alguien gritar "¡la migra!", pero Carlos, una joven con su tío y yo, decidimos no devolvernos a México. Nos escondimos en los arbustos para que la inmigración no nos encontrará. Nos agachamos por lo que pareció ser horas, casi sin poder respirar, estábamos aterrorizados. Cuando todo se quedó en silencio, salimos de nuestro escondite y empezamos a caminar.

Vimos una casa y nos acercamos. Un hombre estaba trabajando en su patio. Sabíamos que era peligroso, el fácilmente nos podría reportar, pero necesitábamos comida urgentemente, agua y un lugar donde dormir. El hombre era alto, pelirrojo con un bigote y una barba pelirroja. Estábamos sorprendidos de que hablará español, nos preguntó dónde íbamos y si teníamos dinero. Le dijimos que teníamos cien pesos mexicanos cada uno y preguntamos si podíamos pasar la noche y comer.

Estábamos tan aliviados que íbamos a comer y estar seguros. Aunque sea por la noche, que le dimos todos nuestros pesos.

"Espere aquí," El abrió el garaje cerrado con tablas y rápido nos entró. "Mi hermana cocinara y yo les traeré la comida cuando esté lista." Y nos encerró en el garaje.

Estimadamente en veinte minutos volvió y nos dijo que no nos daría comida, ni agua. En cambio nos dijo, "los voy a mantener aquí. Mi cuñado esta fuera del estado, pero cuando vuelva, ustedes van a trabajar para nosotros."

Después sacó una cámara de su bolsillo y nos tomo fotos de los cuatro. "Estamos construyendo una casa y ustedes van a hacer todo el trabajo. No les vamos a pagar, y si se escapan de aquí, los encontraremos en cualquier lugar que vayan, y cuando los encontremos vamos a matarlos. Y si nos reportan a la policía y les cuentan que hicimos, encontraremos sus familias y los mataremos también." Cerró la puerta otra vez.

¡Golpeamos la puerta gritando, "déjanos salir de aquí!"

Lo oímos reír. Yo me hundí al piso y empecé a rezar. Comencé a temblar. Estaba llorando. Mire hacia la chica, y ella lloraba también. Carlos me ayudó a pararme. Puso sus manos en mis hombros. "Cálmese y tranquilícese." Nos vamos a escapar. Hemos pasado por tanto hasta ahora, no vamos a terminar como esclavos en Texas, eso se lo prometo." Deje de llorar. Carlos nunca antes me había parecido tan valiente. Y quería creerle.

Caí en un sueño sin descanso contra la pared. Hacía frio, tenía una sed terrible y tanta hambre que mi estómago estaba en agonía. Me desperté al sonido de golpes y vi a Carlos y el viejo tío pegándole a la ventana cerrada con tablas, tratando de quebrarla sin hacer ningún sonido. Tenía mos que mantener silencio. Sabíamos que el hombre decía la verdad y si el dueño llegaba el próximo día, seriamos practicamente esclavos.

Mis ojos estaban amplios mientras miraba a los dos tratando de rescatarnos de esta pesadilla. Estaba llorando otra vez y la chica también; éramos muy jovenes. Pensamos que nos ibamos a quedar aquí por siempre. Pero, gracias a Dios, la madera se soltó y con un fuerte empujón, el viejo la aflojó y cayó al piso, dejando una salida. La ventana era muy alta, y Carlos me ayudo a subir y me empujó. Me caí al piso, y después la chica. Carlos susurró, "¡Corre!" Empezamos a correr a el bosque, como si estábamos corriendo por nuestras vidas, porque así era.

Carlos y el viejo nos siguieron unos minutos. Estaban arañados y heridos, pero vivos. Corrimos toda la noche, en la oscuridad, rezando para no molestar a un león de montaña o una guarida de cascabelas. Vimos muchos coyotes esa noche, pero mantuvieron su distancia. Sus aullidos se quedan conmigo todavía.

Cuando por fin paramos a descansar, queríamos gritar. ¿Como podría alguien ser tan cruel? ¿Todo nuestro dinero y ni siquiera un vaso de agua? Dormimos por aproximadamente una hora, nos turnabamos en quedarnos despiertos y vigilando hasta que apareció la luz de la mañana apareció en el horizonte.

Cuando el sol todavía estaba bajo en el cielo, caminamos por un camino vacío y, cuando el sol se tornó caliente, nos topamos con un rancho. Allí había personas trabajando el y el tío viejo de nuestro grupo tomó coraje y se acercó a uno de ellos.

"Señor, ¿nos podría regalar agua por favor?"

El hombre miró rápidamente a su alrededor y nos hizo pasar a un cobertizo. "La inmigración siempre viene por acá. Necesitan irse rápido. No se pueden quedar." Sin embargo, muy amablemente, el hombre nos dio agua y nos señaló la dirección hacia la autopista. Nos dijo que fuéramos por el norte donde nos encontraríamos con la autopista.

Tomamos camino otra vez, sin comida, ni agua y sin una clara idea de hacia dónde íbamos. Fuimos en la dirección señalada tratando, dentro de lo posible, de mantenernos ocultos en el desierto. Llegamos a una carretera destapada que seguimos por muchas millas y muchas horas. La carretera estaba tan vacía y plana que parecía como ver el cielo en el piso. Nunca había visto tanta amplitud y de no haber tenido tanto miedo, tanta sed y tanta hambre, quizás lo habría encontrado bonito. Más adelante tuvimos la fortuna de encontrar un molino de agua con un bebedero para el ganado y, sin pensarlo, tomamos esa agua sucia. Yo tuve una idea que posiblemente nos salvó la vida. Nos quitamos las camisas y las sumergimos en el bebedero para poder tomar agua de ellas mientras caminábamos.

Los carreteras que recorrimos no eran ni siquiera carreteras. Eran más como caminos de tierra donde los campesinos conducen tractores, donde ahora los jeeps de inmigración cazan refugiados. Mis zapatos estaban llenos de piedras diminutas y afiladas, pero no me atreví a quitármelos. Mis pies estaban tan hinchados y adoloridos que si me los quitaba, nunca podría ponérmelos de nuevo.

Mientras caminamos y caminamos, sobre nosotros el sol se movía de Este a Oeste. Anochecía. Vimos un carro acercarse. Nos agachamos en un matorral cercano, pero al ver que no era la policía, salimos a la carretera y lo hicimos parar. ¡Cazadores de culebras latinos!

El chofer nos preguntó en español para dónde íbamos. Le dijimos que íbamos a Baltimore. "Los llevaremos a la granja y les daremos comida, si tienen el coraje de montarse encima de esas cajas." Vi unas de las cajas y retrocedí. Estaban llenas de culebras gordas que no paraban de serpentear y de hacer traquetear sus cascabeles.

¿Qué otra opción teníamos? Nos montamos al camión, encima de las cajas, suplicando que las puertas de sus jaulas se mantuvieran cerradas. No me atreví a mirar hacia abajo. Traté de distraerme mirando el cielo, los árboles, o hacia cualquier parte que no fuera hacia donde estaba sentado.

Apenas llegamos yo salté del camión. Estaba temblando y sudando. Yo les tengo mucho miedo a las culebras. Solo pensar en ellas me pone la piel de gallina. Ya estaba mejor cuando pensé en la víbora que se metió al corral de mi hermano y empecé a temblar otra vez.

En aquella granja nos dieron leche fría y pan dulce. El cocinero, un mexicano muy amable, sintió pesar por nosotros y nos ofreció quedarnos por unos días. Vio lo agotados, sucios y delgados que estábamos. Nos escondió en la cocina, donde dormimos con seguridad y calor, por lo menos un par de noches. Unos años antes, como nosotros, él iba de camino a Nueva York cuando encontró esta granja. Le ofrecieron un trabajo como cocinero y lo aceptó. Nos entendía.

El cocinero también nos sorprendió con una gallina. Entró con ella a la cocina, le arrancó las plumas y la metió en una olla que llenó con vegetales. "Necesitan sopa, necesitan líquidos y carne para recuperar la fuerza. Lo que les queda por delante no va a ser fácil." Esa sopa fue la mejor sopa de mi vida. La acompañamos con tortillas y arroz. Nos sentimos como familia, mientras nos servía Coca-Cola y nos llenaba con todo lo que podía.

Esa noche dormimos sobre el suelo de la cocina. El cocinero nos dio una cobija y una almohada y, de alguna manera, aquella cama improvisada se sintió acogedora. Dormimos profundamente hasta las tres de la mañana cuando el cocinero nos despertó. Todavía atontados, nos llevó al bosque. Nos dijo que los rancheros empezaban a trabajar a las cuatro y por eso tuvimos que salir tan temprano. Dijo que nos traería comida más tarde, y así lo hizo.

Estaba húmedo y frío a esa hora. La niebla estaba baja y los mosquitos revoleteaban feroces. Yo, por supuesto, tenía miedo de encontrarme con una culebra. Era el pico de la temporada de culebras.

Nos quedamos ahí escondidos hasta la tarde. Al final del día, mis brazos estaban cubiertos de picaduras y ronchas grandes. Por lo menos no vi ninguna culebra. El cocinero nos llevó a la granja otra vez y nos dio de comer. Antes de irse a su dormitorio, nos dijo que su jefe sospechaba que algo estaba ocurriendo. Podíamos dormir ahí de nuevo hasta las tres, pero después nos teníamos que ir. Antes de irnos, el cocinero nos ofreció un trabajo, una sola posición estaba disponible, y Carlos y yo no nos íbamos a separar. Me habría gustado quedarnos allí unos días más.

"¡Adiós, que Dios los guíe, buena suerte!" Nos dijo el cocinero después de llevarnos al bosque otra vez. El sol saldría en unas horas, pero hacía mucho frío para poder dormir, entonces decidimos empezar a caminar. Caminamos en la dirección que pensamos que nos había dado. Dos días después, nos encontramos con el cazador de culebras, quien nos preguntó por qué nos estábamos devolviendo a México. Otra vez encima de las cajas de culebras, nos llevó a una intersección en la carretera. Era el cruce de tres caminos. Desde ahí nos indicó la dirección a Baltimore, hacia el Este. Si hubiéramos prestado atención a las señales de la naturaleza, hubiéramos pensado en la dirección del sol, pero estábamos muy distraídos.

Caminamos por tres días en el desierto ardiente. Era caliente durante el día, pero helado por la noche. Dormimos sobre el suelo, a campo abierto, sin tener ningún lugar para escondernos. Sin agua ni comida. Oímos los sonidos extraños de los coyotes salvajes.

La noche en la que el tío de la joven estaba vigilando el sueño de los demás, ocurrió algo aterrador. El viejo nos despertó con voz baja y susurrando nos dijo "miren, allá." Señaló con sus ojos lo que parecía ser un león. Nos sentamos sobre la arena, congelados, mirando a la bestia que a su vez nos miraba. Mi corazón latía como si estuviera corriendo. Después de un tiempo que duró una eternidad, me levanté y caminé despacio hacia los arbustos. El animal comenzó a darse la vuelta y dirigió su cabeza hacia nosotros una última vez. Nos levantamos rápido y silenciosamente nos alejamos del lugar.

Capítulo 9

Carlos y yo, acurrucados y abrazados el uno al otro, vimos salir el sol. "¡Escucha!", le dije. Él inclinó su cabeza hasta que ambos oímos el ruido de un carro veloz a la distancia. Unos minutos después oímos otro, y después otro. El viejo también los oyó y se agitó. Estábamos cerca de una carretera, o quizás de una autopista. La chica se refregó los ojos, se levantó y se alejó de nosotros buscando un lugar privado que pudiera usar como baño. Decidimos cambiar de dirección y seguir el ruido. Los cuatro estábamos ya caminando muy despacio y nuestros pies estaban tan adoloridos que era difícil seguir adelante. Yo creía que dormir bien me daría fuerza, pero cada día me levantaba con más dolor, con más hambre y con más agotamiento. Me sentí como un viejo. Me imagino que el viejo se habrá sentido como un hombre muy anciano.

El sonido se hizo más fuerte a medida que nos acercamos a la carretera. Vimos una casa a la distancia. En ese momento no me importó si nos atrapaban. Llevábamos ya tres días sin comer y sin beber nada. El sol subía mientras nos acercamos a la casa. No tuvimos que tocar la puerta porque un viejo cortaba madera afuera. Nos vio, soltó su hacha y caminó hacia nosotros.

"¿Para dónde van ustedes?", nos dijo en español, lo cual me sorprendió. No parecía ser latino.

"Baltimore y Nueva York", le dije.

Al hombre le dio risa: "todavía tienen mucho camino por delante. ¿Saben que todavía están en Texas?".

"No tenemos ni idea dónde estamos, pero creo que vamos camino al Este."

"Esa es la verdad, sí. Pero así como se ven ahora, nunca van a llegar. Vengan adentro, les doy algo de comer."

Lo único que yo realmente quería era agua. Mi garganta estaba tan seca que ni siquiera podía cerrar mi boca. No tenía saliva para tragar. Tomé el vaso de agua y bebí un sorbito. El agua se derramó de mi boca. No la podía pasar. Ahí fue cuando me asusté de verdad. Traté otra vez, agitando el agua en mi boca, pero no lograba tragarla. Ninguno de nosotros podíamos. La chica empezó a llorar. "Tranquilos", dijo el hombre. "Despacio, despacio, de a poquitos." Mientras seguimos tratando de beber, él empezó a hacer sándwiches de jamón y queso. Se veían deliciosos. El viejo le dio un mordisco a uno y por poco se atora. No podía masticar; su boca estaba muy hinchada. Teníamos muchísima hambre. Estar así debe de ser muy parecido a sentirse morir.

El hombre nos calmó de nuestro pánico. Su voz, en un español perfecto, nos alivió. "Tranquilos, no hay prisa. Beban sorbitos de agua y den mordidas pequeñas. Miren a ver si eso ayuda." Nos quedamos por varias horas, luchando para poder beber el agua. Sorbito a sorbito me la tomé, y mi garganta se aflojó. Entonces pude tragar sin mucho dolor. Nos tomó dos horas terminar aquel pequeño sándwich.

"Me gustaría que se quedaran esta noche, pero es muy peligroso. Las autoridades siempre están pasando por aquí. Tienen que mantenerse cerca de la carretera, pero no se alejen mucho para esconderse porque se pueden perder. El desierto puede ser muy peligroso."

Nos dio a cada uno una bolsa plástica de basura para protegernos. Ojalá le hubiéramos pedido más sándwiches o botellas de agua, pero no podíamos pensar con claridad. Simplemente estábamos agradecidos por su amabilidad. Le dimos las gracias, y también le di gracias a Dios por habernos guiado hacia aquel hombre generoso.

"Vayan con Dios", nos dijo.

Capítulo 10

Encontramos una camioneta abandonada. La cama de la camioneta estaba cubierta de hojas y nos aterró la posibilidad de que hubiera culebras enroscadas por ahí, haciéndose pasar por enredaderas. Aunque la superficie estaba asquerosa, pudimos ver que no había víboras. Limpiamos los escombros y nos subimos. El sol estaba bajando. Carlos y yo nos metimos en una de las bolsas para darnos calor, como en un saco de dormir. En el desierto, las temperaturas bajan al mismo tiempo que baja el sol, y esa noche bajó muy rápido. Estaba helado.

Dormimos por ratos, despertándonos cada hora o algo así, temblando del frío, apretándonos para calentándonos. Sentí humedad dentro de la bolsa y pensé que Carlos se había orinado, pero en realidad estábamos mojados por todas partes. Era muy incómodo seguir durmiendo así. Nos dejamos de abrazar y nos quitamos la bolsa. Estaba empapada y nosotros también. La mezcla del rocío, el frío del exterior y el calor de nuestros cuerpos convirtió nuestro saco de dormir en una piscina. Estábamos completamente mojados, de la cabeza a los pies. El viejo y su sobrina tuvieron el mismo problema; estaban tan empapados como nosotros.

Nos levantamos temblando, saltamos de la camioneta y empezamos a caminar. Era la única manera de mantenernos calientes. Había oído hablar de la hipotermia y tenía terror de morir ahí mismo. Me revisé. ¿Estaba desorientado? ¿Estaba arrastrando las palabras? Traté de hablar, pero mis dientes estaban castañeando tanto que no pude. Me sentí mareado. Traté de calmar mi mente, me froté las manos, pisé fuerte y me obligué a moverme.

El sol salió, y en segundos ya hacía calor. Vimos el vapor salir de nuestra ropa, de nuestros cuerpos, y nos secamos mientras caminamos. Me tranquilicé porque sabía que habíamos pasado el tiempo crítico y la hipotermia no iba a acabar conmigo ese día.

Después de unas horas, tenía tanto dolor en mis pies que no pude dar un paso más. Le pregunté a mi primo si podía cargarme, pero sus pies también le dolían mucho.

Me detuve y me senté al lado de un cactus. "No puedo más. Sigan ustedes sin mí."

En ese momento Carlos me gritó: "¡Pero has llegado tan lejos! ¡No comiste, no bebiste nada por tres días, hasta que encontramos un ángel que nos salvó! ¿Cómo lo puedes deshonrar así?." Era la primera vez que Carlos me subía la voz de esa manera. La sorpresa me sacó de mi desesperación.

Quise llorar, pero en vez, extendí mi mano hacia Carlos. Él me ayudó a ponerme de pie, puso uno de sus brazos a mi alrededor, y empezamos a caminar de nuevo.

A pesar del dolor, no nos detuvimos durante toda la mañana. Cuando el sol llegó a su máxima altura, ocurrió un milagro. A la distancia, logramos ver un tubo de metal del cual salía agua que caía lentamente sobre el suelo de una colina. El flujo había creado un pequeño pozo donde los pájaros bebían. También vimos a un cerdo salvaje bañándose en el agua. El animal huyó cuando nos vio acercarnos.

El agua del pozo estaba turbia por la actividad del cerdo. Esperamos que se calmara y la despejamos de hojas y cualquier rama que estuviera flotando. Dejamos que el flujo del tubo añadiera líquido limpio al pozo. Entonces sacamos el agua con nuestras camisas, usando la tela como un filtro. Y aunque olía y sabía mal, bebimos sin reparo. Esperábamos que fuera potable, pero en ese punto ya no nos importaba. De no ser por nuestro hallazgo nos hubiéramos muerto.

Empapamos las camisas y las pusimos alrededor de nuestro cuello como cantimploras de tela. Caminamos unas horas más, pero mi determinación desapareció con el dolor de mis pies, con el hambre, la sed, el agotamiento y el desespero. Renuncié, dejé de caminar. Después de unos momentos, los demás se dieron vuelta para ver qué me había pasado.

"Estoy acabado", dije en voz alta para que me pudieran oír. "No puedo dar un paso más. Renuncio."

Los tres volvieron hacia mí mientras yo negaba con la cabeza. No había manera de convencerme.

"Voy a salir a la carretera a parar a alguien, no me importa quién sea." Carlos cojeó en mi dirección y el viejo y su sobrina nos siguieron. Creo que en ese momento todos nos dimos cuenta de que íbamos camino a nuestra muerte.

Capítulo 11

No pasaron más de diez minutos antes de que viéramos una camioneta blanca con sus luces encendidas acercándose. Sabíamos que era migración, pero no nos importó. La verdad es que estábamos contentos. Dos oficiales que hablaban español nos preguntaron a dónde íbamos.

"Baltimore", les dije. Mis esperanzas renacieron cuando vi a uno de los oficiales. Se parecía exactamente a uno de mis amigos de mi pueblo. Esto renovó mis fuerzas, y aunque yo sabía que ese hombre no era José, yo creí que su parecido con él era la forma en que Dios me enviaba un mensaje de fe y perseverancia.

"¿Vienen más personas con ustedes?" Dijimos que no; solo éramos nosotros cuatro.

Abrieron las puertas de atrás y, viendo lo agotados que estábamos, nos ayudaron a subirnos antes de que nos derrumbáramos. Nos dieron agua y nos llevaron a la estación.

Cuando llegamos, nos sentíamos más fuertes y pudimos bajarnos sin ayuda de la camioneta.

Nos llevaron a una celda pequeña. A mi mente entraron pensamientos terribles sobre la prisión y lo que eso significaba para mí. Yo había visto noticias horrorosas de lo que le pasa a la gente como nosotros y pensé que ahí se acababa todo, que me iba para la cárcel. Nunca podría volver a ver a mi familia. Empecé a temblar sin control. No podía respirar.

El oficial que se parecía a José debió de darse cuenta de que yo estaba sufriendo un ataque de pánico y puso sus manos sobre mis hombros.

"No te preocupes. Tranquilo." Me miró a los ojos y respiramos juntos.

Cuando logré calmarme, nos dijeron que nos quitáramos los cinturones y los cordones de los zapatos en busca de algún arma. Por supuesto que no encontraron nada. Nos dieron un sándwich de jamón y otra botella de agua a cada uno.

Nuestras mentes estaban agitadas con pensamientos de deportación y prisión. No teníamos ni idea de lo que nos iba a pasar.

Después de comer, nos llevaron a un cuarto para entrevistarnos. Carlos y yo primero, y después el viejo y su sobrina. El cuarto era pequeño y había una mesa con tres sillas. Carlos y yo nos sentamos al otro lado de la mesa donde estaba un oficial de inmigración alto y rubio. A pesar de su tamaño, pudimos ver que otros tres oficiales nos observaban detrás de una pared de vidrio.

"¿Cuántos años tiene?", preguntó el oficial mirándome fijamente. Su español claro y fluido me sorprendió.

"Diecisiete", contesté.

"Un menor de edad", dijo casi para sí mismo. "¿Para dónde va?"

"Baltimore."

"¿Quién está en Baltimore?"

"Mi primo."

"¿Él sabe que usted va para allá?"

"Sí, señor."

El oficial le hizo unas preguntas a Carlos y después preguntó por el número de teléfono de mi primo Edwin en Baltimore. Me lo había memorizado unas semanas antes. A través del vidrio pude ver a un oficial ponerse de pie para hacer una llamada telefónica. Instantes después, vi que le levantó el pulgar a nuestro interrogador.

"Tomamos una decisión. Usted es menor de edad y tiene familia y un lugar en Baltimore. Como allá lo pueden cuidar, lo vamos a liberar. Y a su primo también", miró a Carlos y le dijo "usted no se separa de él en ningún momento." Carlos asintió con la cabeza. "Van a estar libres en unas horas. Firmen aquí." Carlos y yo firmamos aquel papel, y eso nos devolvió la vida.

Unas horas más tarde, nos devolvieron los cordones y los cinturones, y nos subieron de nuevo en la camioneta. Buscamos al viejo y a su sobrina, pero no estaban en ningún lugar. Con tristeza me di cuenta de que probablemente no los veríamos nunca más. Ojalá hayan podido llegar seguros a su destino.

Nos detuvimos en una estación de gasolina y el oficial nos dejo salir de la camioneta. Nunca entendí por qué no nos pudieron llevar a la iglesia donde nos iban a alojar, pero por alguna razón los oficiales de inmigración no llevaban a los viajeros directamente a la iglesia. Si lo hicieran, quizás crearían un precedente que no les interesaba crear.

"Caminen dos cuadras hacia abajo y encontrarán la iglesia a mano derecha."

"Muchas gracias, señor. Gracias", le dije con sinceridad.

Sonrió, inclinó el sombrero, se montó a la camioneta y se fue. Carlos y yo nos miramos y no lo podíamos creer. Estábamos libres.

Caminamos las dos cuadras y vimos un edificio inmenso con agujas y campanas, y una cruz gigante en la torre. Tiramos la gran puerta de madera y ésta se abrió sin dificultad. De inmediato vimos a una mujer con una red en su cabeza y una cuchara en su mano. Nos saludó sonriendo y nos llevó a un gran área de comedores ocupados con muchos latinos.

"Siéntense, ustedes deben de tener hambre," nos dijo amablemente.

Fue con prisa a la cocina y volvió con dos vasos grandes de leche fría. Saboreamos cada sorbo. Unos minutos más tarde volvió con unos platos llenos de huevos revueltos, frijoles negros, tomates, arroz y tortillas calientes.

"Después de comer, hablamos."

Comimos hasta que nuestros estómagos estaban llenos. Nos sentimos protegidos y seguros. Queríamos pasar ahí la noche.

Después de estar llenos, la mujer regresó. Esta vez su pelo estaba recogido en una cola y, en lugar de una cuchara, tenía un bolígrafo y un cuaderno.

"¿Cómo les podemos ayudar?"

Le dijimos que estábamos tratando de llegar a Baltimore a ver a nuestro primo. Le contamos que habíamos estado caminando por muchos días y que no pensábamos que pudiéramos caminar más.

"Tengo miedo que mi primo se muera", dijo Carlos mirándome.

"No queremos que nadie se muera", dijo ella. "Les ayudaremos a llegar a Baltimore a ver su primo. Pero primero, ustedes necesitan bañarse y dormir bien. Síganme."

Nos llevó a un cuarto pequeño con dos camas. Encima de cada cama había una cruz y yo me arrodillé al lado de la cama y le di gracias a Dios. Ella nos mostró que sobre las camas había toallas limpias y un nuevo cepillo de dientes con un tubito de crema dental para cada uno. Luego nos llevó al cuarto de baño y a la ducha.

Carlos se bañó mientras yo, frente al lavamanos, me miré al espejo. Me cepillé los dientes despacio por la primera vez en muchos días. Mi piel estaba roja y yo tenía lo que parecía una barba. Pensé que me veía mayor de diecisiete. Podía ver mis pómulos huesudos y me pregunté si siempre me vería así de débil. Disfruté el dulce de la menta en mi lengua y cepillé semanas de mugre de mis dientes. Cuando fue mi turno de ducharme, me paré debajo del agua caliente y le di gracias a Dios una y otra vez. Me restregué hasta quedar satisfecho, y cuando volvimos a nuestro cuarto, había ropa limpia esperándonos sobre nuestras camas. Había medias limpias y zapatos nuevos, exactamente de nuestras tallas.

Me puse a llorar.

Dormimos por muchas horas, seguros en ese santuario. Al día siguiente, mi primo le mandó dinero al sacerdote para finalmente poder comprar nuestros tiquetes de bus hacia nuestro destino, Baltimore.

Capítulo 12

Pasamos dos días de descanso y paz en aquella iglesia. Por alguna razón, no fui al templo para arrodillarme ante el altar o ante el inmenso Jesús en la cruz. Quizás entendí que Dios había estado conmigo todo el tiempo y no necesitaba arrodillarme. Mi Dios y yo teníamos una relación privada.

La estación de buses quedaba a dos cuadras de la iglesia, y el cura amablemente nos acompañó a comprar los tiquetes.

"Aquí están los pasajes. El bus llega en una hora."

"Muchas gracias", le dimos la mano y se fue.

Teníamos cincuenta dólares adicionales para comer durante el viaje. Carlos y yo los dividimos y los guardamos bien en nuestros bolsillos. Con nada más que nuestra ropa nueva, los papeles que nos dio el oficial y el dinero en los bolsillos, esperamos el bus. Mientras esperábamos, patrullas de inmigración paraban una tras otra y cada vez que lo hacían nos pedían los papeles.

"La gente está llamando para reportarlos", nos dijo un oficial. Estábamos sorprendidos. Solo estábamos sentados en una banca esperando pacientemente por el bus. No sabíamos que nos estaban vigilando y que incluso nos estaban reportando. Nos pusimos nerviosos de nuevo. Pensamos que habría sido mejor que el cura nos hubiera traído a la estación más tarde, cerca a la llegada del bus. La sexta vez que llegó la inmigración, eran los mismos oficiales que nos habían recogido en el desierto.

"¡Son Alex y Carlos!", se rieron. "No pueden creer cuántas llamadas hemos recibido denunciando inmigrantes en esta estación."

"Sentimos mucho que estamos causando tantos problemas."

"No hay problema. Pero hágannos un favor, dense la vuelta y miren a la otra dirección hasta que llegue el bus, ¿OK?"

Abordamos el bus a Baltimore, pero sabíamos que teníamos que hacer un trasbordo y no teníamos idea de cómo íbamos a hacerlo sin hablar una palabra de inglés. Estaba muy preocupado y miles de preguntas entraron en mi cabeza, pero yo me seguía diciendo que Dios nos mandaría ayuda en la forma de un ángel. Cuando nos bajamos para el primer trasbordo, empezamos a preguntar si alguien hablaba español. Un hombre en una esquina respondió. "¿Qué necesitan?" Le dije que íbamos a Baltimore, pero que no sabíamos en qué bus. El amable desconocido tomó nuestros pasajes y fue a preguntar a la taquilla. Luego volvió para llevarnos él mismo al bus que debíamos abordar. Le agradecimos por su ayuda. Dios me salvó otra vez poniendo a ese desconocido en nuestro camino.

Nunca dejaré de darle las gracia a Dios por todo lo que ha hecho por mí –y continúa haciendo por mí– hasta hoy.

El hombre preguntó en voz alta si alguien iba cerca a Baltimore y un muchacho respondió. Hablaron en inglés y no supe qué estaban diciendo. Nuestro amigo nos explicó en español que el muchacho iba hasta Washington, DC, justo una parada antes de la nuestra. Nos dijo que el muchacho nos iba a guiar por los muchos trasbordos que nos quedaban y que no nos separáramos de él por ninguna razón.

Nos montamos al bus y nos sentamos cerca del muchacho. Cada vez que parábamos o nos cambiábamos de bus, nos pegábamos a él. Nuestros ojos lo seguían siempre porque teníamos miedo de perderlo vista. Cuando se bajaba a fumar, lo seguíamos. Sonreía y no parecía que le molestara. En la estación, incluso nos compró pollo asado y una coca cola. Le agradecimos una y otra vez.

Cuando llegamos a Washington DC, después de varios días, ya conocíamos unas palabras en inglés que nuestro "ángel" nos había enseñado.

"Muchas gracias", le dijimos. Queríamos que se quedara con nosotros mientras continuábamos nuestro viaje, pero nuestro primo estaría esperándonos en la próxima parada.

Carlos y yo nos apretamos de las manos mientras llegamos a la estación de Baltimore. Nuestros ojos estaban muy abiertos mirando a tanta gente y a tantos buses que me dio miedo de estar en una ciudad tan grande. Pero eso era lo que había soñado por tanto tiempo, y quizás, tenía miedo de lo que eso significaba también. ¿Podría lograrlo? ¿Aprendería a hablar inglés? Lo único que quería era oír la voz de mi madre.

"¡Alex, mira!", dijo Carlos señalando afuera de la ventana. "Ahí está."

Mi primo estaba sonriendo y nos saludaba. Carlos y yo empezamos a llorar. Nos abrazamos mientras se abría la puerta. Estábamos flacos y agotados, pero estábamos vivos. Habíamos logrado llegar a Baltimore, treinta y cinco días después.

El epilogo

Llegue a Baltimore y ahí viví con mi primo desde el 2004 al 2010. Tuve muchos trabajos durante mi tiempo allí. Trabaje en un centro de jardines por 6 meses, luego conseguí un trabajo en una pizzería, hasta tome un trabajo en la construcción donde me encontraba arriba de 30 pisos en un andamio de madera (me quede un día). Serian muchos años antes que pudiera ver a mis padres y tardé mucho más tiempo para poder hablar de mi viaje con ellos, y más, de aprender que sucedió con ellos cuando me fui. Aquí está esa conversación.

Mami:

¡Ay, hijo! El día que me dijiste que te ibas a los Estados Unidos, mi vida dio una vuelta de 1000 grados. Yo sabía por qué pensabas que necesitabas hacer eso y me sentí avergonzada que la vida que te habíamos dado no era la que esperábamos darte. Empecé a imaginar que nos pasaría a nosotros sin nuestro querido hijo en nuestro hogar, y aunque que solo era una idea, yo lo tome en serio porque yo sabía que un día tu embarcarías en el viaje. Alexis tu eres un ser determinado.

Yo soy como tú, Mami.

Tu papi y yo hablamos acerca de que nuestro hijo quería dejarnos, y no quería imaginar que ese día se haría realidad.

No quería irme, Mami, pero tenía que hacerlo.

Yo lo sabía, y te conocía, y estaba segura que en efecto, muy pronto, ese día llegaría. Pero el día que tomaste la última decisión, me sentí como si alguien hechó un balde lleno de agua helada a toda la familia.

Recuerdo.

Empezamos a llorar inconsolablemente porque la fecha para el viaje estaba establecida. Yo le dije a tu Papi que ese temido día estaba aquí finalmente. Nuestro hijo se va.

Te ibas en solo un mes y empecé a contar los días, horas, minutos y hasta los segundos. Llegue al punto que no quería comer, no podía comer ni dormir. Lo único en que podía pensar era el día de tu partida. Y por supuesto que el día llego más rápido de lo que estaba preparada.

El día antes de que te fuiste, dormí en tu cama, te abrase y te mantuve en mis brazos.

Nunca me olvidare de esa noche.

Te abrase y te bese y te dije cuanto te amaba. Parecía que mi corazón se partía en mil piezas y te rogué que no te fueras.

Me acuerdo. ¡Me dijiste que me casara en lugar de irme!

¡Una locura, lo sé, pero yo estaba loca ese día! Yo pensé que me hubiese gustado que te casaras a la edad de diecisiete, en lugar de dejarnos. Yo sabía que no era correcto, pero yo quería mantenerte aquí a mi lado en lugar de dejarte ir en ese viaje, sabiendo lo que podría pasar por el camino.

Me dijiste que no me preocupara. Dijiste, "Mami, me voy para poder ayudarnos salir de esta pobreza. Voy a trabajar duro y mandarles dinero para que puedan comprar ropa, comida y para que mis hermanos puedan estudiar. Solo me iré por poco tiempo y volveré con ustedes." Que buen hijo, estaba tan orgullosa de ti, aunque mi corazón estaba roto.

Llegó la mañana y te mire despertar. Te mire dormir toda la noche, una noche que quería que nunca terminara. Recé por su seguridad y protección esa noche. (Y todas las noches desde esa). Nos miramos por mucho tiempo. Trate no llorar. Y tú también. Papi estaba despierto también, sus ojos parecían viejos.

Te fuiste a bañar al rio y yo hice el fuego para preparar tu desayuno. Cocine tortillas a mano. El olor de la comida despertó a todos, y todos se veían con ojos salvajes cuando no te vieron. Les dije que estabas en el rio, y hasta ese momento pudieron respirar otra vez. Todos te rodearon cuando entraste.

Fue una mañana muy difícil.

Lo más difícil, cuando tuvimos que despedirnos, sentí como si mi vida se acababa. Quería irme contigo, para cuidarte. Pero eso era imposible. Tu hermana lloraba, tus hermanos también, aunque trataron de mantener una cara fuerte.

Ese abrazo y beso que me diste antes de que te fuiste se quedó marcado en mi corazón. No podía ver por mis lágrimas mientras te alejabas de mí. Sentí como si el mundo estaba girando fuera de control. No podía respirar. Me fui corriendo detrás de ti, o volando, porque no me sentía que estaba en la tierra. Te vi adelante, tu mochila pequeña en tus manos y quería que fuera una pesadilla y me despertaría pronto. Pero todo era muy real. Un último abrazo y tenía que dejarte ir.

Discúlpame por causarte tanta pena, Mami.

Ese día, me sentí extraña. Podía ver y sentir vívidamente todo lo que pasaba a mi alrededor. La idea que estabas en alguna parte desconocida del mundo, sin saber dónde, posiblemente en peligro, con hambre, con miedo.....como deseaba que pudiera ser un ave para poder volar a tu lado y cuidarte.

Los días y noches pasaron llenos de angustia. ¿Dónde podría estar mi hijo durmiendo? ¿Ha comido? ¿Está bebiendo agua? ¿Qué le estaba pasando? ¿Está seguro? ¿Y el pensamiento persistía; está vivo?

Todos los días caminaba hasta el pueblo y salía a la calle para ver si venias de vuelta. Me lo imaginaba, y me obsesione con esa idea. Sé que estaba distraída frecuentemente. Tus hermanas y hermanos lo sentían. Papi también, pero era muy difícil respirar o pensar claramente sin ti. Mi imaginación se volvió loca.

Mami, te pensé todos los días cuando me fui. Me imagine que estabas preocupada por mí, y me sentí muy mal.

Pero no suficiente para volver.

No, no podía volver, tenía que irme.

Lo sé, hijo, lo sé. Mientras pasaba el tiempo y no había noticias, me volví más ansiosa. Eran buenas noticias no tener noticias. Claro que en esos días no teníamos teléfonos celulares, y teníamos que viajar a la ciudad para poder comunicarnos con nuestros familiares que vivian en Los Estados Unidos. Papi fue a la ciudad para llamar nuestro primo en Baltimore. Por supuesto que el sabia que ibas para allá, pero no había escuchado nada de ti. Estábamos más preocupados que nunca. Había pasado semanas.

Comencé a castigarme por haber dejarte ir. Por hacerte vivir en la pobreza. Por forzarte a tener que irte.

No me forzaste, Mami.

No, quizás no, pero nuestra situación sí. Entonces, empecé a dormir en el piso frio porque de pronto era donde tú estabas durmiendo. Mi mente era un revoltijo de preguntas. ¿Está en el piso frio, está durmiendo en los arbustos? ¿Está en peligro? Sé el miedo que le tiene a las culebras. ¿Lo han mordido? ¿Estará lloviendo? ¿Esta mojado, sin ropa para cambiarse? Tantas preguntas en mi mente. No podía dormir. Ese era mi castigo.

Mami, no sabía, lo siento.

Una tarde le dije a tu Papi que fuera a la ciudad. El solo había ido la semana anterior, pero sentí algo en mis huesos, y necesitaba ver si había noticias. Necesitaba paz mental. No sabía que hacer esa tarde. Limpie nuestro ranchito, y mire hacia la calle cada momento para ver si Papi volvía. Finalmente por la tarde, lo vi. Caminaba diferente, se veía más libio en sus pasos. Cuando pude ver su cara, vi una sonrisa y corrí hacia él, volé. Me caí en sus brazos, desesperada por noticias. Me miro, había lágrimas en sus ojos, pero eran lágrimas felices. Sus palabras por fin me dejaron respirar por la primera vez en muchas semanas. "¡Dios es bueno. Nuestro Alex está bien. Esta seguro y ya va en camino hasta donde nuestros familiares. Llegará en tres días. Dios ha cuidado nuestro hijo!"

Lloré de felicidad. Vi un ave en ese momento, volando alto y deseaba poder volar a su lado y encontrarte y abrazarte y decirte cuanto te amo.

Los próximos días fueron difíciles. Rezamos y rezamos para que llegaras seguramente a Baltimore. Después de tres días Papi volvió a la ciudad para comunicarse con nuestros familiares en Baltimore para ver si ya habías llegado, y para su sorpresa fuiste tú quien contestó.

Lo recuerdo. ¡Esa fue la mejor llamada de mi vida, Mami!

¡Cuando papi regreso a la casa, estaba eufórico! Gritó, saltó, aplaudió, estaba tan contento. Todos saltamos de la emoción, y después lloramos por mucho tiempo, era mucho nuestro alivio.

Me preguntó tantas preguntas del viaje, pero estaba tan cansado, que no creo que respondí muchas.

No, no las respondiste, y Papi dijo que tan solo estaba contento de oír tu dulce voz y saber que estabas bien y seguro. Esa noche dormí en mi cama. Y por primera vez en semanas, dormí toda la noche. El próximo día todos fuimos a la ciudad para hacer la llamada, por oír tu voz, la voz que esperaba oír por tanto tiempo. Empezamos a marcar pero la señal no estaba muy buena, y no podíamos conectar la llamada. Me empecé a preocupar y desesperarme. Finalmente, después de mucho tiempo, oí el teléfono timbrar. Estaba temblando, y entonces mis oraciones fueron realizadas. ¡Tú contéstate! Oí tu voz. "Mami, estoy bien, no te preocupes, no llores." Pero tú estabas llorando también.

Sí, es verdad.

Estaba llorando porque estaba tan contento de oír tu voz y saber que estabas bien. Sentí un sentimiento inexplicable, como si estuviera flotando. Sentí como si mi vida tenía sentido otra vez. No podía parar de llorar y tú me decías, "no llores Mami, estoy vivo, lo hice con la ayuda de Dios. Estoy bien con mis primos."

Te pregunte acerca del viaje, y me contaste un poco de tu sufrimiento, pero sé que no me dijiste todo.

¿Cómo te podía decir? Tú te sentías muy mal, y quería dejar eso atrás.

Sentí que todavía estabas sufriendo, pero me aseguraste que la pesadilla se había acabado y con la ayuda de Dios, estabas mejor. Dijiste que Dios te había protegido por lo largo del viaje peligroso, con los obstáculos y las situaciones de vida o muerte. Gracias Dios.

Tus hermanos y hermana estaban tan felices de oír nuestra conversación y tuvieron que hablar contigo. Aun que esa llamada fue muy cara, no importo. Todos necesitábamos oír tu voz. Cuando regresamos a casa, nos abrazamos en el bus, mucho más relajados que habíamos estado en mucho tiempo. Le di gracias a Dios por cuidarte por todo el viaje y traerte a tu destinación seguramente.

Papi:

Un día mientras trabajábamos juntos sembrando maíz en los campos, me dijiste que querías ir a Los Estados Unidos. Me sorprendiste, pero dijiste, "Papi, te estas envejeciendo, quiero ayudarte para que no tengas que trabajar tan duro en este sol tan caliente."

Alex: Lo recuerdo.

No querías que trabajara tan fuerte más, y tú estabas ansioso de ayudar. Estaba orgulloso de tu amabilidad y el respeto para mí, pero no tome la conversación en serio. Pensé que estabas muy joven y verdaderamente no creí que te irías. Pero a paso del tiempo tú te pusiste mucho más determinado.

Dijiste, "Me voy a los Estados Unidos. Buscare un trabajo y mandare dinero para ayudarte."

En ese momento me sentí muy triste porque sabía que te irías. También me sentí avergonzado que no fui capaz de sacarnos de nuestra situación. No te deje ver mi tristeza, escondí mis sentimientos. Pero me conocías muy bien y no te engañé.

Lo sé. Te dije que no estuvieras triste, que solo iría por poco tiempo y volvería para poder estar juntos. Eso fue hace mucho tiempo. Los siento, Papi.

Ay, Hijo, yo soy el que lo siente. Y sí, tú trataste de animar mi espíritu pero era imposible no sentirme triste. Y tener miedo por tu seguridad. El día llego que nos dejabas y muy temprano en la mañana nos alistamos para irnos. Nunca me olvidare llevarte a la ciudad donde te dejé con ese Coyote. ¿Qué tipo de hombre era él? ¿Te engañaría? ¿Te lastimaría?

Caminamos al próximo pueblo donde te despediste de tus abuelos.

Eso fue difícil.

En camino empecé a llorar en silencio porque no quería que me vieras, pero mis lágrimas rodeaban por mis cachetes, imposible esconderlas. Cuando me viste tú también empezaste a llorar. Me dijiste que me amabas, y trataste de asegurarme que solo te ibas por poco tiempo. Te despediste de tus abuelos y nos montamos al bus a la ciudad.

Me sentí como si estaba flotando y deseaba que el bus se devolviera y no fuera hasta la ciudad. Quería que el reloj parara de correr para poder pasar más tiempo con ti.

Ay, Papi, sentí lo mismo. ¡Lo siento por causarte dolor!

Lloré en el bus y la gente me miraba, pero no tenía vergüenza porque mi hijo se iba en viaje peligroso. Era como si te fueras en una aventura sin garantías. Y todo porque yo no podía darle lo que necesitaba a mi familia.

No es tu culpa, Papi. No te eches la culpa.

Yo oí las noticias constantemente en la radio y siempre eran negativas, terrible. Hablaban de secuestros, muertes por ladrones, gente ahogándose en el Rio Bravo, y en el camino, todos esos pensamientos estaban en mi mente.

La mía también, traté de ser fuerte.

Sé que trataste. Y si eres fuerte. No estoy seguro que yo habría podido hacer lo que hiciste. Aun lo aterrorizado que estaba por tu seguridad, también estaba muy orgulloso del hombre en que te estabas volviendo.

Gracias, Papi.

Encontramos el camino al lugar del Coyote donde nos despediríamos. Tenía miedo cuando lo vi. No era un hombre simpático. Nos dijo que se irían pronto a la frontera de Guatemala y que nos apuráramos a despedirnos.

Ay, Papi, ese fue la despedida más difícil de toda mi vida.

Caminaste hacia el bus. Recuerdo sosteniendo fuertemente mi bandana en mi mano. Me limpie las lágrimas con ella. No podría dejarte ir sin otro abrazo. Corrí hacia ti otra vez. Te vi tratando de ser fuerte y no llorar, pero una se caía por tu cara. La limpie con la bandana. Tus lágrimas salieron entonces. Te di la bandana para limpiar tus lágrimas que caían por tu cara. Me imagine limpiándote la cara con ella cuando llorabas. Y pensando en mí.

Casi no podía sacar mis palabras. Dije, "Mi hijo, mi hijo fuerte, cuídate, te amamos." Luego bordaste el bus y te fuiste.

Esa bandana se volvió como un talismán para mí, todavía la tengo.

Me quedé hasta que el bus se fue y dobló la esquina. Fue el momento más difícil de mi vida. Mi corazón se rompió en mil piezas y no quería volver a casa porque sabía que habría un gran vacío sin mi hijo.

Las lágrimas que derramaste por tus cachetes están grabadas en mi mente y mi corazón. Cuando volví a casa, trate de consolar at tu Mami, pero era imposible estar calmado. Cada vez que te recordábamos o pensábamos de ti, llorábamos. Deseábamos ser pájaros y volar hasta donde estabas. Pensamientos locos así estaban en nuestras mentes, y otras cosa imposibles también. Salir a buscarte. Encontrarte y devolverte. Abrazarte y decirte cuanto te amamos. No estábamos durmiendo o comiendo bien porque solo pensábamos en cómo estabas.

Pasó más de un mes cuando finalmente recibimos noticias que había llegado seguramente a Baltimore. Fue el mes más difícil de mi vida.

El mío también.

Seguramente. Cuando oí tu voz y hable contigo la primera vez, me sentí como si había nacido otra vez. Por fin pude tener paz en mi corazón. Llore de felicidad cuando te oí decir, "Papi, te quiero, la pesadilla se acabó. ¡Estoy bien no llores! Sé feliz."

Quería abrazarte e imagine que te tenía en mis brazos y te decía lo tanto que te amo. Cerré mis ojos e imagine por un momento que estabas en frente de mí y corrías hacia mis brazos, como siempre lo hiciste. Gracias a Dios todo salió bien.

Todo salió bien. ¡Y ahora la vida es mejor para ti!

Y todo eso fue por tu coraje. Estoy muy orgulloso.

Gracias, Papi. ¡Y tú tienes tres hermosos nietos que conociste!

Somos una familia afortunada.

Un Mensaje de Alex Portillo

He vivido en Los Estados Unidos por casi la mitad de mi vida. Me encanta este lugar. Es mi hogar. Estoy casado y tengo tres preciosos hijos. Trabajo duro y soy un pilar de mi comunidad. Mis hijos van a la escuela y tienen amigos. Mi esposa se queda en casa cuidando nuestro nuevo bebé y yo tengo varios trabajos. Alquilamos un apartamento en una casa y tenemos un jardín con árboles de duraznos, tomates, fresas y arándanos. Yo aprendí a hablar inglés y estoy orgulloso de decir que lo hablo con fluidez, aunque a veces cometo errores. Envío dinero a mi familia en Honduras. Ahora tienen agua potable, un suelo de cemento, tubería interior, y un techo que no gotea y no deja entrar a las culebras. Todos mis hermanos han asistido a la escuela. Mis padres están bien.

Todavía estoy indocumentado. He tratado de obtener mis documentos, y he gastado miles de dólares en abogados. No desistiré. Mi tristeza más profunda es que no puedo ser voluntario para el departamento de bomberos de mi pueblo. Sin embargo, soy muy querido y respetado, y soy voluntario de otras maneras. Por ejemplo, cocino en las barbacoas para recaudar fondos y en las fiestas de navidad. Tengo que esperar hasta que obtenga mis documentos, aunque en el departamento de bomberos estén desesperados porque no tienen suficientes personal. Cuando veo los camiones saliendo, se me parte el corazón porque yo debería estar ayudando. Es lo único que quiero hacer, siempre.

Espero que haya un cambio de corazón en esta administración o la próxima. Espero ser un miembro con plenos derechos de mi comunidad. Quiero que mi hijo y mi hija estén orgullosos de mí. Cuando mi hijo ve la tristeza en mis ojos, me dice "papi, no estés triste. Un día vas a ser bombero. Y yo también".

Un Mensaje de Jana Laiz

Cuando Alex me preguntó si lo ayudaría a escribir este libro, Barack Obama era nuestro presidente. Para mí era un honor ser la persona escogida para ayudar a contar su historia. Él sabía que yo no solo era una autora, sino también una defensora de la vida de los inmigrantes y los refugiados; primero durante mi adolescencia, trabajando como voluntaria con El Comité Internacional de Rescate (IRC); después, también en el IRC, como trabajadora de casos para la repoblación de refugiados hasta 1986, cuando el presidente Reagan nos cortó el presupuesto y me quedé sin trabajo; y por último, como profesora de inglés como segunda lengua, trabajando con inmigrantes desde entonces.

Alex y yo creíamos que Hillary Clinton sería nuestra próxima presidenta, quizás habría una nueva política de inmigración, y Alex y otros como él serían beneficiados. Tenía esperanzas de que mis maravillosos estudiantes y amigos serían reconocidos como dedicados trabajadores, como ciudadanos con la comunidad en mente, y no tendrían que estar preocupados todo el tiempo, siempre ansiosos, siempre en alerta roja. No obstante, lo impensable ocurrió. Perdí mi equilibrio y no pude entender lo que estaba pasando en nuestra nación en tan poco tiempo. Trabajar en este proyecto con Alex me ha dado un sentido de propósito en estos tiempos en los que parecemos haber olvidado toda razón y compasión. Alex y yo tomamos la decisión consciente de mantener nuestros nombres en este libro, de no usar seudónimos. Estamos orgullosos de esta historia, y es un honor para mí poder ayudar a contarla. Esta es la historia de un hombre, pero es la misma historia de muchos inmigrantes que simplemente buscan auxilio y amabilidad, seguridad y oportunidades. Le doy la mano a todos los que buscan asilo, a refugiados, migrantes e inmigrantes. Ser amable importa. Las palabras importan. Eso es lo que yo deseo que esta historia les recuerde a quienes lean este libro.